JN057168

新・名字の言
選集

〈新時代編 ❺〉

聖教新聞社・編

鳳書院

沖縄は2022年5月15日、本土復帰50年の節目を迎えた。
ここ沖縄研修道場（恩納村）は、かつての米軍基地の跡地に1977年にオープン。当初は取り壊す予定だったミサイル発射台は、「基地の跡は永遠に残そう。人類は、かつて戦争という愚かなことをしたのだという、ひとつの証として」との池田大作先生の提案で「世界平和の碑」へと生まれ変わった（写真右側の白い建造物。6体のブロンズ像が建つ）。また道場内には、64年12月2日に沖縄の地で小説『人間革命』の執筆が開始された意義をとどめて「人間革命の碑」が建立されている
（聖教新聞社提供）

新・名字の言 選集

〈新時代編 5〉

「はじめに」にかえて

「言葉と、生きていく。」

2022・4・20

ある女性部員から子育ての悩みを聞いた。地元会館で行われている教育本部の「未来部育成相談室」を紹介すると、早速、訪れたとのこと。後日、女性部員から「相談に行って、本当に良かった」と連絡があった。

相談の中で、担当者は母子を優しく励ましたという。「よく来てくださいました。勇気が要ったでしょう。でもその勇気を出せたのだから、もう大丈夫です」。無論、専門的な助言も重要だ。その上で、こうした慈愛に満ちた〝言葉〟

こそ、教育者には必要なものであろう。

中国思想研究の大家であるドゥ・ウェイミン博士は、池田先生との対談で、信仰のリーダーが兼ね備えるべき〝二つの言語〟に言及した。それは「自分たちの宗教の言語」と「世界市民の言語」である、と。

その二つを先生は、①信心指導や励ましといった「同じ信仰を持つ人々を結びつける言葉」②開かれた心であらゆる人々と対話を交わす「世界市民としての言葉」と解釈し、その重要性を強調した。

キャッチコピー「言葉と、生きていく。」を標榜する聖教新聞は、きょうで創刊71周年を刻む。今後も〝言葉の力〟で、人類を世界を、正しき平和の未来へリードする深い決意で、日々の紙面制作に取り組んでいきたい。

新・名字の言 選集〈新時代編5〉——目次

第3章　2022年10月～12月

凡例

一、本書は、「聖教新聞」のコラム「名字の言」のうち、2022年4月1日〜翌2023年3月31日に掲載された作品を対象に精選しました。

一、本文中の振りがなの表記・箇所は、紙面の掲載時に合わせています。

一、本文中の御書のページ数は、『日蓮大聖人御書全集　新版』を「新○○」とし、『日蓮大聖人御書全集』を「全○○」と表記しました。

装幀・レイアウト・組版／澤井慶子

第1章

2022年4月～6月

5月 5日 トインビー博士との対談開始50周年
6月30日 学生部結成65周年

4月 1日 民法が改正され、成年年齢が18歳に
4月10日 プロ野球、千葉ロッテ・佐々木朗希投手が28年ぶり完全試合を達成
4月23日 北海道・知床半島沖で観光船が沈没
ウクライナ侵攻（2月24日）から2カ月
国連事務総長がロシア大統領（4月26日）、ウクライナ大統領（4月28日）と相次ぎ会談
5月15日 沖縄が本土復帰50年
5月22日 バイデン米大統領が来日
6月 2日 エリザベス英女王在位70年でパレード

沖縄の伝統工芸と先人たちの思い

2022・4・4

国指定の伝統的工芸品である沖縄の染織品は、琉球王国時代に生まれ、育まれてきた。涼やかな織物の芭蕉布や色鮮やかな染め物の紅型など、継承された技と魅力は数百年を経た今も色あせない。

存続の危機もあった。琉球王国の崩壊で生産量が激減。沖縄戦では多くの技術者と文化財を失った。だが戦後、染織家たちの不屈の努力でよみがえる。

沖縄の伝統工芸には、技法と共に、苦難を越えた先人たちの思いも込められている。

宮古島に、伝統工芸の苧麻糸手績み保存技術者の女性がいる。97歳の今も現役だ。彼女の原点は1974年、宮古島での池田先生との出会い。共に広布に励んだ夫が病で他界した直後だった。

先生は、戦没者や島の広布功労の故人をしのぶ記念植樹を行った。その折、家族を亡くしたある同志に渾身の励ましを送る。それは先の女性にとっても生きる力となった。苦難に負けず地域の発展に尽くす女性の奮闘に、宮古島広布のすそ野は大きく広がった。

御書に「日蓮はこれ法華経の行者なり。不軽の跡を紹継するの故に」(新1314・全974)と。不軽菩薩のごとく生き抜いた先人の苦闘を継ぐ後継の戦いなくして広布の前進はない。青年・未来部の友と、自らも成長を重ねたい。

心に響く「豊かな言葉」

2022・4・6

新型コロナウイルスの感染拡大を受け、国内で初めて緊急事態宣言が出てから、あすで丸2年を迎える。

当時、日本テレビの藤井貴彦アナウンサーが、担当する夕方の報道番組を進行していた折のこと。緊急事態宣言下の「人の少ない渋谷のスクランブル交差点」が画面に映し出された。これを異様な光景とするか、あるべき光景とするか、単に「人がいません」と伝えるかを悩んだ。

結局、藤井さんは「今テレビを見ているみなさんのご協力で、人との接触が防げています」と伝えた。視聴者の顔は見えない。だからこそ、テレビの向こうの〝誰か〟を励ますことを選んだ。「相手を頭に思い浮かべた言葉こそが届くのだと信じています」（『伝える準備』ディスカヴァー・トゥエンティワン）

長引くコロナ禍で、心に響く「豊かな言葉」が一段と求められている。SNSによるやりとりは増えたが、互いの顔が見えにくくもある。これまで以上に相手を思いやる姿勢を大切にしたい。

御書に「言と云うは、心の思いを響かして声を顕す」（新713・全563）と。相手の仕事や家庭の状況によっては、直接会えない場合もある。友の幸せを祈り抜き、その真心を言葉に乗せて、わが足元から励ましの輪を広げよう。

私は私のできる〝平和の戦い〟をする

2022・4・8

広島県の比治山にたたずむ老桜を見た。「被爆桜」の一つで、爆心地から1・8キロ地点に立つソメイヨシノ。熱線などの影響で幹の成長具合に差が生じ、爆心地の方向に傾いている。

その桜は見物人が立ち寄らない山中にある。だが〝誰が見てなくても、私は咲くのだ！〟と必死で花弁を広げているように見えた。泰然たる姿が被爆者の方々と重なった。

ある女性部員は7歳で入市被爆。原爆は家を焼き払い、兄の命を奪った。生活は一変。小学校にも通えず、炭売りやふん尿の処理をして家計を支えた。読み書きが苦手な彼女は、不戦の誓いを未来へつなぐため、約35年前から原爆ドーム周辺のゴミ拾いを始めた。傍観や冷笑もあった。それでも「私は私のできる〝平和の戦い〟をするだけ」と。一人で開始した運動は、彼女に共感する若者たちが集うNPO活動になった。

先の被爆桜には、こもが巻かれ、支え棒がしてあった。木に訴える術はないが、そこに宿る精神を感じた人々によって、厳然と守られていた。原爆投下から今年で77年。全国の被爆者12万7755人（2021年3月末時点）の中には「今も語れない」と口を閉ざす方々がいる。その〝無言の叫び〟を感じ、守ってこそ、平和の思いは次代へつながる。

苦難に遭うたび思い出す「母の背中」

2022・4・15

「なつかしい母の背中」という題名のエッセーを、詩人・三木卓氏がつづっている。3歳の時にポリオを患い、左足にまひが残った。母はそんな息子を背負い、いくつも病院を駆け回った。

結局、左足は治らなかった。だが、その後の人生で苦難に遭うたび、「よく、母親の背中を思い出した」と氏は書いている。〝わが子のために〟との行動が、背中のぬくもりを通して生きる力を与えたのだろう（『もういちど考えたい　母の生きかた　父の生きかた1』ポプラ社）。

3人の子をもつ女性部員が、ステージ4の乳がんと診断されたのは2007年の春。「5年後の生存確率は約2割」と宣告され、抗がん剤を投与する通院治療が始まった。

「仏間には、いつも朗々と祈る母の〝背中〟がありました」と子どもたちは語る。その背中を見て一緒に勤行するようになり、題目の声に母の無上の愛を感じたという。女性部員は寿命を延ばし、最期まで広布に生きる姿を見せた。

池田先生は「親の背中を見ながら、子は育ち、信心という『志』を受け継いでいく」と教える。子育てとは究極、親の生きざまを示すこと。先の3人の子は長男が今春就職し、次男と長女も勉学に励む。負けそうな時は、かつての母の〝背中〟を思い出す。

「聖教新聞の生命線」通信員に感謝

2022・4・19

先日、愛知県の読者から本紙の北海道支社に電話を頂いた。北海道の通信員がカメラに収め、全国版に掲載された写真への感動と感謝の声だった。撮影者である女性通信員の顔がほころんだ。「こんなうれしいことはありません」。最近、全国版に3度、撮影した写真が掲載されたという。地域の隅々にまでアンテナを張り巡らせ、取材してくださる各地の通信員は、配達員と共に「聖教新聞の生命線」にほかならない。

彼女の側で自分の事のように喜ぶ女性がいた。彼女のお母さんで、通信員歴

46年。これまで掲載された記事は1500本以上、娘が小さい頃は取材に連れて行った、とも。「私の人生と通信員活動は切っても切り離せません。親子2代にわたって池田先生と『共戦の絆』を結ぶことができました。通信員50年を目指します」

通信員は専従の記者ではない。仕事、学会活動や地域活動をはじめ、多忙な中で時間をやりくりしつつ、紙面作りに貢献している。池田先生は「聖教新聞は、通信員の不撓不屈の闘争なくして発展することは、決してありませんでした」と断言する。

母娘共に通信員を担う尊い姿に、本紙発展の原点を確認した。自身も生涯、一通信員の気概で書き続けることを誓った。

デイゴの花言葉は「生命力」

2022・4・27

桜前線が日本列島を北上していく時季、沖縄を彩るのは「デイゴ」。鮮やかな深紅の県花だ。新年度を行き交う人々を見守るように、街路や校庭で枝を広げる。

この花の名を冠した劇団「でいご座」を旗揚げし、戦後の復興に尽くした沖縄芝居役者の仲田幸子さん。小学生の頃、児童をはじめ多くの県民が犠牲になった沖縄戦を命からがら生き延びた。

戦後、仲田さんの生きる力になったのは、同じく廃虚の中から立ち上がる人々の姿だった。「あんたは生かされているんだよ」との言葉が、どれほど支えになったか。〝皆のおかげで今がある。「命どぅ宝（命こそ宝）」と心から思った〟──そう語る仲田さんは、88歳の現在も〝喜劇の女王〟として希望を送り続ける。

「身命の儀、どの宝物よりも大切に存じ保養いたすべく候」とは琉球王国の哲人指導者・蔡温の言葉。生命尊厳を根底に農作業を助け合い、後世に豊かな森林を残した先人たちの支え合う心は、琉球の歴史に刻まれ、現代にも息づいている。

強靱な根と柔らかな幹をもつデイゴの花言葉の一つは「生命力」。漢字で書く「梯梧」の「梧」には「支える」との意味もある。暗雲に覆われた世情の今、平和を願い、励まし支え合う心を足元から広げたい。

読書は「旅」書店は「駅」

2022・4・30

「こどもの読書週間」が23日から始まった（5月12日まで）。今年の標語「ひとみキラキラ　本にどきどき」には〝輝く瞳や本を好きな気持ちをずっと持っていてほしい〟との願いが込められている。

長引くコロナ禍は、子どもの読書量に変化を与えているようだ。昨年の学校読書調査によると、5月の1カ月間の平均読書冊数は、小・中学生が過去31年間で最多になった。タブレット端末の配布で電子書籍に親しむ子どもが増え、ステイホームで読書の時間もできたからだろう。

タブレット端末でも手軽に本が選べる時代だが、随筆家の若松英輔氏は、読書の楽しみ方として、「書店」の魅力を訴える。

インターネットは目的の本を買うのに適している。一方、書棚にいろんなジャンルの本が並ぶ書店に行けば、目的の本という「決まった場所」ではなく、「思いもよらなかった場所」への切符を手にすることができる。読書を「旅」に例えると、書店は「駅」である、と(『本を読めなくなった人のための読書論』亜紀書房)。

大型連休に、家族で書店に立ち寄るのもいい。もちろん電子書籍でも構わない。良書と共に、わが子と有意義な〝旅〟へ! 子どもの心を育み、瞳の輝きを守るのは、大人の使命である。

音楽隊の代表曲「旧友」

2022・5・1

世界的に有名な行進曲「旧友」。軽快で伸びやかなメロディーは、運動会やテレビ番組のＢＧＭなどでよく使用される。今月で没後１００年となるドイツの作曲家タイケの代表作だ。

歌詞には〝固い友情で結ばれた旧友として、いかなる苦難も乗り越え、共に団結を新たにしよう！〟との思いが込められている。発表当時は酷評もされたが、次第に評価が高まり、時代を超えて愛される名曲となった。

この曲は、創価の音楽隊にとって、池田先生からの忘れ得ぬ〝課題曲〟であった。1954年（昭和29年）5月6日に結成された音楽隊。先生は彼らに一つの提案をした。「旧友」の演奏である。結成当時はわずか十数人で編成も組めなかったが、必死に練習を重ね、2年後に初演奏が実現。以来、「旧友」は音楽隊が奏でる〝代表曲〟の一つとなった。

「世界の国と国、人と人とを、音楽の力で『旧友』のごとく永遠に結んでくれ給え！」――この先生の期待を胸に、音楽隊は今、各種コンクールで「日本一」に輝き、海外でも結成されるなど、あの地この地で勇気と希望の旋律を響かせている。

爽やかな風が吹き抜ける5月。私たちも、旧友を大切にしながら、新しい友情を求め、対話の最前線へ飛び出そう。

池田先生ご夫妻の結婚70年の「5・3」

２０２２・５・３

高浜虚子の句に「去年今年貫く棒の如きもの」とある。１９５０年12月、新年のラジオ放送用に詠まれたものという。

年が改まっても自分が変わるわけではないが、一本の棒にも似た何かがこの身を貫いているといった句意。時代とともに俳界の流行りは変われど、虚子は師・正岡子規から継いだ俳風を守り発展させた。虚子の魂を貫く「棒」とは、師に誓った「信念」と見ることもできる。

虚子が先の句を詠んだ頃、戸田先生の事業は困難の極みにあった。多くの弟子が去る中、若き池田先生は師を守り抜く誓いを立て、命を削り戦った。秋霜の日々を越え、51年5月3日、恩師の第2代会長就任を迎えたのである。

戸田先生は、愛弟子の結婚の日を翌52年の同じ5月3日と提案した。祝辞は「二人して、青春時代に決めた信念の道を、最後まで貫き通していっていただきたい」と簡潔に。新婦に望んだことは〝夫の出勤・帰宅時は笑顔で送り迎えを。どんな不愉快なことがあっても〟であった。

以来70年。恩師との誓いをひとすじに貫いたご夫妻の歩みありて、私たちは幸福の大道を進むことができる。「5・3」は学会の正月。わが胸を貫く久遠元初の誓願のまま新たに出発する、報恩と決意の一日である。

「世界を我家」と思って交流を

2022・5・4

初代会長・牧口常三郎先生が『人生地理学』に記している。〝自身の身辺を見回すだけで世界中から恩恵を受けていることに驚く〟。例えば靴の革、ランプの燃料なども海外で産出されたもの。〝乳児が着ている綿着を見ると、炎天下で汗を拭きながら綿花を栽培するインドの人が偲ばれてならない〟とも。

同書が出版された1903年当時、日本は近隣国家と争い、帝国主義が強まっていた。その中で牧口先生は、地球上の人々はつながり合って生きていることを示し、皆が「世界を我家」「世界万国を隣家」と思って交流するべきだと訴えた。

在日韓国人の女性が体験を語っていた。幼い頃、日本人の女子を「お嬢さん」と呼ばされた。お嬢さんより勉強や運動ができるといじめられた。いつしか卑屈な生き方に。

だが学会に入り、変わった。何の差別もなく家族のように支え合う同志と触れ合い、自信が持てるように。教育者になった彼女の胸には熱い思いがあった。

「互いの個性を尊び、個性を愛し、個性を喜び合う〝世界市民の心〟を持った青年を育てたい」

『人生地理学』の発刊から119年。今や世界同時進行で、あらゆる差異を超えて人間主義の連帯を広げる創価の友。その使命は限りなく大きい。

きょう「創価学会後継者の日」

2022・5・5

ある会合で、池田先生が会場の未来部員たちに問いかけた。「成績の良い人？」。友が元気よく挙手する中、先生は言った。「手が挙がらなかった人もいましたが、先は長いよ。戦いは、これからです」

さらに先生は〝親孝行の人に〟と願いつつ、こう語った。「皆さんにも何かと不満はあるだろうが、お父さん、お母さんも、苦しみながら生きている。そのなかで、君たちを立派にしたいと頑張っている。その心が分かる皆さんであってください」

この会合に参加した同志と、先日語らった。当時は思春期で、両親に反発ばかりしていたという。「でも、不思議と先生の言葉には素直になれて……。気付けば涙を流していました」と述懐する彼も、今や1児の父となった。

御聖訓に「親が子を捨てないように、子どもが母親から離れないように、御本尊を信じて南無妙法蓮華経と唱えることを信心というのです」（新1697・全1255、趣意）と。

〝わが子を立派な人材に育ててみせる〟という親の心。〝親孝行のできる正しい人生を歩みます！〟という子の心――両者の美しい心が共鳴する中に、本物の信心と広布の前進がある。5月5日の「創価学会後継者の日」に、親子の麗しくも深遠な絆を思う。

沖縄のために　平和のために

2022・5・11

ＮＨＫ連続テレビ小説「ちむどんどん」が話題だ。同じく沖縄を舞台にした「ちゅらさん」を思い出す方もいるだろう。

その番組で〝おばぁ〟役を好演した沖縄芝居の俳優・平良とみさん。生前、出演に当たって強く確認したことは、「このドラマは沖縄のためになりますか」。戦前戦後の激動期を生き抜いた彼女の思いがこもった番組は、全国に沖縄ブームを巻き起こす大ヒットとなった。

太平洋戦争で凄惨な地上戦の舞台となった沖縄。東西冷戦の時には、核ミサイル「メースB」の発射基地が設置された。１９８３年、沖縄研修道場を初めて訪れた池田先生は、敷地内の発射台跡を視察。〝人類が戦争という最大の愚行を犯した証し〟として、解体せずに残すことを提案した。翌年、発射台跡は「世界平和の碑」に生まれ変わった。

メースB基地は、沖縄本島の４カ所に配備された。当時の基地跡が現存するのは同道場だけである。本土復帰50年を迎える今、その存在は大きな注目を浴び、〝貴重な歴史的遺産〟としてマスコミの取材・報道が相次ぐ。

ある識者は「軍事施設の跡地利用のモデル中のモデル」と称賛した。池田先生の「沖縄のために、平和のために」との行動は、いや増して輝きを放っている。

恩師「原爆を使う人間は最大の悪人だ」

2022・5・13

長崎の原爆投下は当初、福岡の小倉陸軍造兵廠が目標だった。その跡地に今春、命の尊さや戦争の実態を伝える「北九州市平和のまちミュージアム」が開設された。

同館で「模擬原爆」を解説する企画展を見た。核物質の代わりに火薬の入った模擬原爆は丸みを帯びた形からパンプキン（かぼちゃ）と呼ばれた。終戦直前、日本各地に49発も投下され、甚大な被害をもたらした。いわば、民間人を大量殺戮する実験であり、予行演習である。

事実に衝撃を受けた来館者が語気を強めた。「戦争がどれほど人間を狂わせ、残酷にするか。絶対に起こしてはならないし、起こさせてもならない！」

第2代会長・戸田城聖先生は北九州の地で「原爆などを使う人間は最大の悪人だ」と語った。そして65年前の1957年9月8日、「原水爆禁止宣言」を神奈川で発表した。核兵器は存在自体が絶対悪だ。それを正当化する思想の奥にひそむ生命軽視の魔性の爪をもぎとり、人類の生存の権利を断じて守る。この烈々たる宣言に触れると、平和構築への闘志が湧く。

御聖訓に「ちかいし願いやぶるべからず」（新114・全232）と。戦争と核の時代に終止符を打つまで祈り、動き、対話に挑む。それが我らの誓いである。

本土復帰50年を迎えた沖縄

2022・5・15

「行きかう『ドル』と『円』」――1972年5月15日、沖縄の地元紙に躍った見出しである。輸送艦で運ばれた540億円の紙幣と硬貨が、ドルとの通貨交換に使われた。

この日、沖縄は戦後27年間に及ぶ米国施政権下から日本へ復帰した。通貨の変更をはじめ、県民の日常が一変した〝世替わり〟。生活の向上が期待された一方、本土との経済格差や米軍基地の存続など、喜びと失望は交錯した。

池田先生が沖縄返還に関する提言を発表したのは復帰の5年前。施政権の即時返還や沖縄総合開発銀行の設立など、各分野にわたった詳細な提言は〝地に足のついた内容〟〝時代の進むべき道を示した〟と評された。

72年1月、先生は沖縄を訪問。復帰直前の揺れ動く社会情勢の中で、師の励ましは友の力となった。葛藤を抱えながら、米軍基地で働いていた女性は〝私も幸せになっていいんだ〟と涙した。3日間で、師と出会いを刻んだ同志は約8千人を数えた。

御聖訓に「心の一法より国土世間も出来する」(新713・全563)と。楽土建設は人の心の変革から始まる。ゆえに、人間革命の哲理を語り広げていく――その師弟共戦の大道を、本土復帰50年を迎えた沖縄の同志は、これからも歩み続ける。

人は声や表情から本音を汲み取る

2022・5・16

対面で語らう際に、人は相手の①会話の内容②声③表情や視線から、それぞれどの割合でメッセージを受け取るか。心理学者メラビアンが実験によって明らかにした、有名な法則がある。

結果は①7％②38％③55％。ただ、「話の内容に意味はない」わけではない。この法則は「①②③の表れ方が矛盾していた場合、人は②③を優先して判断する」ことを示したものだ。例えば口で「感動した」と言いながら、つまらなそうな態度をしていたら、人は声や表情から本音を汲み取る。

「目は口ほどに物を言う」し、「言葉は心の使い」ともいう。「声は人なり」とも。言葉と声と表情、その全てが同じ心で貫かれた時に、発する言葉は言葉以上の力を持って相手に届く。

釈尊は「対話の名手」と呼ばれた。その言動が、万人を「我が如く等しくして異なること無からしめん」（法華経）とする心に貫かれていたがゆえに、多くの人の心を動かしたに違いない。仏がこの世に出現した目的は、「人の振る舞い」を示すことであったと御書に仰せだ（新１５９７・全１１７４）。

友の幸福や平和への願いを伝えることに遠慮はいらない。話の巧拙でもない。「ただ心こそ大切なれ」（新１６２３・全１１９２）である。

「小さな声」が世界を変える

2022・5・17

「停電なので、ここからは音声だけでもいいでしょうか」。気候変動の問題に取り組むウガンダの環境活動家、バネッサ・ナカテさんを取材した時のこと。彼女はこう言うと、ビデオ通話の画面を切って話を続けた。

電力供給の問題から、ウガンダでは停電が頻繁に起こるらしい。端末の消費電力を抑えるため、音声通話に切り替えた対応に、厳しい社会・経済状況の中で活動しているのだと実感した。

彼女は25歳。気候変動による自然災害に苦しむ「アフリカの声」を世界に伝えようと奮闘してきた。黒人、女性であることへの偏見から、心ない中傷も浴びた。しかし〝世界を変えるのに小さすぎる声はない〟との信念で行動してきた。今、その「声」はSNSやメディアを通じて広がり、若者の連帯を育んでいる。

大きな問題を前にした時、人は自分の小さな声や行動に無力感を覚えることがある。だが、小さな波も集まれば、岩をも砕く大波となる。そして寄せては返す「繰り返し」の営みが、やがて大地の形をも変える巨大な力となる。

広布の活動も同じであろう。日々の「対話」や「励まし」は、ささやかなものに思えるかもしれない。しかし、その積み重ねは確実に人々の心を変え、社会の土壌を変えていく。

手と靴を泥だらけにして働いた研究者

2022・5・22

先日、池田先生に名誉人文学博士号を授与した米ミネソタ大学は、25人のノーベル賞受賞者を輩出している。その一人が、「緑の革命」の立役者であるノーマン・ボーローグ博士だ。

博士が品種改良を行った小麦は、世界で数億もの人を飢餓から救ったといわれる。その開発は、手間のかかる交配の繰り返しだった。博士自身が「時間はかかるし、叫び出したくなるほど退屈」と述べている。しかも、交配が成功する割合は、1000回に1回程度だったという。

交配の時には、日の出から日没まで作業を行い、野外のたき火で食事をし、寝袋で睡眠をとった。博士は自らを「手と靴を泥だらけにして働く研究者」と称した（レオン・ヘッサー著『ノーマン・ボーローグ』悠書館）。

地道で単純で労多い作業によって、多収穫品種の小麦は誕生した。後世に刻まれる偉大な事業には、先人の並はずれた努力の結晶がある。創価学会の今日までの歴史も、幾多の草創の同志が〝靴を泥だらけ〟にするような献身によって切り開かれた軌跡にほかならない。

広布に近道はない。歩いて語って、一人また一人と妙法の灯をともしていくしかない。その行動を貫いてきた人の胸中には、誉れ高き生命の勲章が輝いている。

思い出となって残る〝人格の薫り〟

2022・5・25

北原白秋の詩に「香ひの狩猟者」がある。「香ひはほろびない。花は了へても香ひはのこる。始めもなく終りも無い。消えるやうに思へるのは色を眼のみで観る人の錯覚である。香ひは染みこむ、分解する」(『日本の名随筆「香」』作品社)

白秋は、花の香りは消えるのではなく、染みこみ、分解して残ると捉えた。同じように、〝人格の薫り〟も他者の胸中にさまざまな形で刻まれる。

ある池田華陽会のメンバーは5年前、父が末期がんの宣告を受けた。父は広布の第一線に戻ることを祈りつつ、友に励ましを送り続けた。最期まで広布に尽くす姿は、彼女の心に信心の大切さを残した。

父が他界した後、彼女は壮年から「君のお父さんに信心を教わったんです」と声を掛けられた。父は娘だけでなく、多くの人に信心の喜びを語り広げてきた。彼女は、心から感謝を伝える壮年の姿に、自他共の幸福に尽くした父の思いを感じて誇りに思った。「父は、今も私を包み守ってくれています」

御聖訓に「法華経を信ずる人は、せんだんにこうばしさのそなえたるがごとし」（新2037・全1492）と。信心を貫いた気高き魂は、縁する人の心に宝の思い出となって残る。いつまでも薫り、生き続けていく。

「かりゆしウエア」の生みの親

２０２２・６・１

地球温暖化対策の一環で始まった〝クールビズ〟。その先駆けは沖縄の「かりゆしウエア」だ。ハワイのアロハシャツを参考に作られ、２０００年の九州・沖縄サミットで各国首脳が着用した。きょうは「かりゆしウエアの日」である。

生みの親は〝沖縄観光の父〟と呼ばれた宮里定三氏。県内初の観光ホテルを開業し、戦後の米国統治下から本土復帰後の激動期を生き抜いた。ホテル旅館組合を設立し、観光で戦後の復興に尽くす。

全国への誘客運動など、苦境打開の先頭に立つ一方で、氏が重視したのは人材育成。青年研修を実施し、観光業を学ぶ学生支援の基金も創設した。〝人材育成なくして沖縄観光の発展なし〟――この信念が、世界に誇る観光立県の礎を築いた。

1974年2月、池田先生は沖縄へ。本土復帰後、初となる訪問で、真っ先に励ましたのは未来部の友だった。皆の成長のためならいかなる試練も恐れないとの真情で、〝次代の指導者〟へ語った。「労苦は自身を磨く研磨剤であり、最大の財産です」「苦難に挑み、雄々しき師子の道をたくましく進みきってもらいたい」

未来への最大の布石は、後継の育成にある。その礎は、共に成長し、歩み続ける、大人の挑戦によって築かれる。

ラグビー初代王者がこだわったこと

2022・6・2

列島を熱狂の渦で包んだラグビー・ワールドカップから3年。今年から始まった日本の新リーグ「リーグワン」は、埼玉パナソニックワイルドナイツが初代王者に輝いた。

前身のトップリーグを刷新し、地域密着と日本ラグビーの強化を目指してスタートしたリーグワン。だが感染症の影響で開幕戦が中止になるなど、その船出は困難を極めた。

埼玉も開幕から2試合連続で不戦敗に。逆境の中でチームがこだわったのは

「意思疎通」だった。立場や年齢を問わず皆で課題を指摘し合い、切磋琢磨できる雰囲気をつくった。厳しい言葉で奮起を促したことも。「しゃべるとうまくいく。しゃべれない時にミスが出る」というチームは試合を重ねるごとに団結を強め、不戦敗以降を16戦無敗で飾り、栄冠を手にした。

〝口にしなくても分かるだろう〟といった思い込みを排し、声に出して伝える。その人にとって耳の痛いことであっても、言うべきことは言う。ラグビーに限った話ではない。真心から発した言葉は相手の心に届き、互いの前進の活力となろう。

御書に「人をたすくれば実語」「人を損ずるは妄語」(新1194・全890)と。さあ今日も友のもとへ!　自他共の歓喜は真実の対話から生まれる。

第1章　2022・4〜6

正義を貫いた〝創立の父〟

2022・6・6

第2次世界大戦で社会が混迷する中、初代会長・牧口常三郎先生は会合で訴えた。「言はねばならぬことをどしどし言ふて折伏するのが随自意の法華経であらせられる……今後もそれで戦はねばならぬ」

当時は厳しい言論統制が敷かれ、特高警察の陰湿な監視もあった。いつ逮捕されるか分からない。その中で立正安国と民衆の幸福のために敢然と弘教拡大を指揮した牧口先生の覚悟を思うと、粛然とする。

御書には「日蓮等の類い」との言葉が200カ所以上ある。「日蓮等の類い、南無妙法蓮華経と唱え奉る程の者は、宝塔に入るなり」（新997・全716）、「日蓮等の類いの修行は、妙法蓮華経を修行するに、難来るをもって安楽と意得べきなり」（新1045・全750）。これらの一節一節に、門下たちと共戦し、ご自身と同じ尊極の境涯に高めようとされた御本仏の大慈大悲が脈打っている。

信仰とは勇気の異名。困難や試練に直面した時こそ、強盛に信力を奮い起こして、祈り行動することだ。その時、自身の境涯は大きく開かれる。

きょう、牧口先生の生誕151周年を迎えた。法難の嵐をものともせず正義の行動を貫いた〝創立の父〟の志を受け継ぎ、我らも勇気の対話に果敢に挑みたい。

幸福に不可欠な六つの条件

2022・6・8

旧友と再会するため、車で故郷へ。記憶を頼りに懐かしい土地を走っていると、かつての町並みは寂しい景色に一変。人の往来もなくなり、ついに道は行き止まりとなった。やれやれと車を降りると、道端に名も知らない花が咲いていた。

腰を下ろして見るほどの小さい花だった。しかし、その姿は〝誰が見ようが見まいが、私はここで精いっぱいに咲く！〟と言わんばかりの生気にあふれていた。

花の美しさに勝劣はない。人が比べるだけ。生きて、咲いていることで幸福なのだ。他のものと比べて感じる幸不幸は環境や条件で変化する。そんな「相対的幸福」ではなく、自身の使命に生き切る「絶対的幸福」を仏法は教える。池田先生は「幸福は自分自身をどう確立するか、という問題である」と語り、それに不可欠な条件を要約して6項目挙げた。①日々の充実②深き哲学をもつ③信念をもつ④朗らかに生きる⑤勇気⑥包容力。そして「これらのすべての条件も、結局は『信心』の二字に収まっている。信心に生き抜く人生こそが『最高に幸福な人生』なのである」と結論した。

花も街も人も、一つとして生々流転から逃れられるものはない。その中で、「絶対」と言える幸福観をもって生きられる人生に感謝したい。

原爆の脅威を伝える〝無言の語り部〟

2022・6・9

崩れた土間、砕けた瓦……。広島の「被爆遺構展示館」は、60～90センチほど掘り下げた地中で発見された道路や住居跡を露出展示している。

戦後、壊滅した街には盛り土がされ、公園が整備された。近年の発掘調査で住居跡を発見。市民の要望を受け、保存することに。現在を生きる人々の願いによって、過去の〝がれき〟は、原爆の脅威を未来に伝える〝無言の語り部〟となった。

広島の女性部員は15歳の時、爆心地から約3キロで被爆し、地獄の光景を見た。

後年、子どもが生まれても詳細は語らなかった。90歳になり、「被爆体験を聞きたい」との青年部の要望に初めて重い口を開いた。その勇気の声は証言集『75――未来へつなぐヒロシマの心』に収録。翌年、彼女は霊山へ旅立った。過去の忌まわしい記憶は平和の熱願となり、未来へ受け継がれる。

池田先生は本年の「ＳＧＩの日」記念提言で、日本で行われる来年のＧ７サミット（主要7カ国首脳会議）の時期に合わせ、「核兵器の役割低減に関する首脳級会合」の広島での実施を提案。折しも先月、同サミットの広島開催が決定した。

過去を悲劇だけで終わらせない。被爆者の心を継ぎ、不戦の未来を創る。その使命を果たす責任が私たちにはある。

子どもを守ることは 人類を守ること

2022・6・16

　日本を代表する写真家で、かつて本紙でも連載を持っていた田沼武能氏。今月、93歳で亡くなるまでカメラを握り続けた。

　写真家としての転機は、独立して多くの注文写真の撮影をこなしていた頃。師匠・木村伊兵衛氏から〝頼まれ仕事ばかりでは、何も自分の仕事は残らない〟と指摘され、写真と向き合う姿勢を見つめ直した。テーマを持つ大切さを教えられ、選んだのは「世界中の子どもたち」を撮ることだった。

　世界には飢餓や紛争などに苦しむ子どもたちがいる。〝次世代の家族をつくる子どもたちに住みよい地球を手渡していけるか〟。そこに真剣に取り組む時代が来ていると感じた氏は、120以上もの国や地域を訪れ、子らの〝生きる尊厳〟を写真で伝えてきた（『ぼくたち地球家族』講談社）。

「すべての人を尊重せよ。しかし子供の場合は普通の百倍も尊重し、その汚れを知らぬ魂の純粋さを損なわぬよう努めよ」（北御門二郎訳）とは、文豪トルストイの言葉。地球の財産である子どもを守ることは、人類を守ることにつながる。

今を、そして未来を生きる人々が暮らしたいと思えるような世界をつくる。ここに世界広宣流布の実像がある。そのために今日も祈り、語り、励ましを広げよう。

父に教わった〝負けない〟信心

2022・6・19

春先、果樹園を営む男子部員の自宅を訪れた。彼は不在で、家族から「ブドウ園にいるよ」と聞き、足を運ぶと、ブドウの木に芽傷処理をしている最中だった。

これは芽の付近の枝にあえて傷をつける作業。そうすることで枝先だけでなく、枝の途中にある芽も数多く成長し、ブドウの収穫量が増えるという。〝傷を受けたことで、かえって新たな芽を出し、多くの果実を得る〟――同じようなことが人生にもある。

調理師の壮年部員。昨年、コロナ禍の影響で、勤める店が閉鎖となり、失業した。壮年は深夜のアルバイトをして家族を養った。この間、学会の組織では地区部長として広布に走り抜いた。

壮年の娘は当時を「家計は苦しく大変だった。でも忘れ難い、大切な思い出になった」と述懐する。〝必ず宿命転換するぞ！〟と家族で唱題し、御書を研さんした。親子で仏法対話にも歩いた。娘は「必死な父の背中に〝負けない〟信心の姿勢を教わりました」とも。その後、壮年は和食店の料理長として再起を果たした。

試練や苦難によって傷を負っても、信心根本の人は、それを糧に、より実りある人生を勝ち開いていける。各地の〝広布の父たち〟の雄姿が、それを厳然と物語る。きょうは「父の日」。

「命こそ宝」の思潮を世界へ

2022・6・22

幼少の頃に沖縄戦を体験したある女性が、終戦から3年目の冬、母に連れられ南部戦跡を訪れた。一帯は沖縄戦最後の激戦地である。壕の中に高く積まれた遺骨は「頭蓋骨の二つの穴が天空をにらみつけているよう」に見えた。そのそばで涙を流し続ける〝おばあ〟たち。凄惨な地上戦の傷痕は、少女のまぶたに焼き付いて離れなかった。

1960年7月、米軍統治下の沖縄を初訪問した池田先生は南部戦跡へ。62年にも同戦跡へ足を運び、64年12月、沖縄で小説『人間革命』を書き起こした。

「戦争ほど、残酷なものはない。戦争ほど、悲惨なものはない」と。

当時、ベトナム戦争が世界に暗い影を落とし、沖縄の基地からも爆撃機が飛び立った。小説の冒頭の一節はこう続く。「だが、その戦争はまだ、つづいていた。愚かな指導者たちに、率いられた国民もまた、まことに哀れである」。戦争で苦しむのは常に弱い人々だ。強大な武力の応酬を前に、民衆になすすべない。

今なお戦火が絶えない現実にあって、他者の不幸に思いを巡らせ、生命の尊厳を守る眼が閉ざされていけば、平和は見いだせない。あすは沖縄の「慰霊の日」。「命こそ宝」の思潮を世界へ――仏法者の使命を深く胸に刻みたい。

島民の大半が良き理解者に

2022・6・26

「聖教新聞、楽しく読んでいますよ！」「いつも学会の皆さんから元気をもらっています」。福岡県北九州市の藍島で出会った人が、口々に温かい声をかけてくださった。島に暮らす約80世帯の5割近くが、本紙の購読経験者である。

かつて地元の学会員は、島の伝統、風習などの壁にぶつかり、つらい思いもしたという。だが、負けずに闘志を燃え上がらせた。〝祈り、笑顔、真心を倍加して語ろう〟と。

メンバーは島のさまざまな仕事を引き受け、「幸福パトロール隊」と称して高齢者宅への声かけも行う。明るく誠実に地域に尽くす姿に接し、島民の大半が学会の実像を知り、良き理解者に。その信頼は今、不動のものとなった。友は語る。「苦しい時も前に進み続けたからこそ、私たちは強くなれた。島の広布が開けた」

御書に「誰かが信仰をさまたげたら、心の中で『うれしい』と思いなさい」(新1843・全1512、趣意)と。立正安国の道に苦難は多い。その時こそ〝飛躍への大チャンス〟と心を奮い立たせ、果敢なる行動に打って出たい。

我らには、無限の力を引き出す師弟がある。全てをプラスに転じる哲学があり、同志がいる。乗り越えられない壁などない。恐れなく、前進また前進!

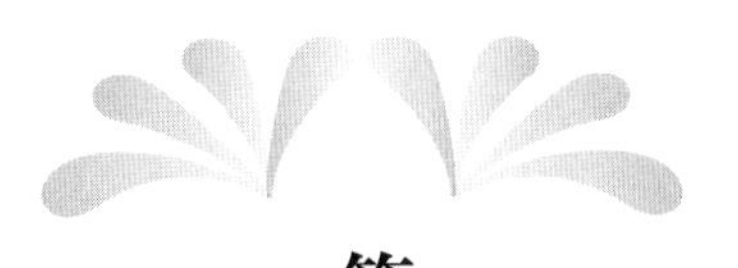

第2章

2022年7月～9月

札幌大会（7.1）・夕張大会（7.2）
東京大会（7.12）・大阪大会（7.17）65周年
8月 14日　戸田先生・池田先生　師弟の出会い75周年
8月 24日　池田先生入信75周年
8月 31日　「御義口伝」講義開始60周年
9月　8日　戸田先生の「原水爆禁止宣言」65周年

7月　8日　安倍元首相、選挙応援演説中に銃撃され死亡
7月 10日　参議院議員通常選挙
7月 19日　フィギュアスケート羽生結弦選手引退、プロ転向へ
8月 22日　夏の全国高校野球、宮城・仙台育英高校が東北勢初優勝
8月 30日　ゴルバチョフ元ソ連大統領逝去
9月　8日　エリザベス英女王逝去、9月19日に国葬

成長し続けるエベレスト

2022・7・1

世界最高峰のエベレストの標高は今も高くなり続けている。測定する方法や場所によって違いはあるが、毎年数ミリから数センチずつ上昇するという研究もある。

地質学者のM・P・シャルマ博士によると、エベレストを擁するヒマラヤ山脈は、隆起と侵食を比較したとき、隆起の程度の方が大きいからだ。「つまり、まだ『成長している』のです」と。比べるもののなき高さにあってなお、天空に向かって成長するエベレスト。人生もかくありたいものだ。

酸素ボンベなしで8000メートル級の山々に挑む登山家の小西浩文さんが本紙で

語っていた。生死を分かつような極限状態を乗り越えるためには、まず〝自分は生き抜いてやる〟という明確な意志を持つこと。「その上で、心が通じ合う仲間がいて、力が発揮できる」。自分は絶対に勝つ。そう腹を決めた人間同士が団結すれば、限界をも超える最高の力を出せるということだろう。

強風、極寒、低酸素……。山登りは頂に向かって進むほど、状況は過酷さを増す。人生のさまざまな挑戦もまた、到達点に近づいた時こそ、最大の勢いと執念が求められる正念場だ。

〝必ず勝つ！　最後は勝つ！〟と負けじ魂をいや増し燃え上がらせ、鉄桶の団結で「広布の峰」を登攀しよう。

世界広布の伸展を伝える「映像の力」

2022・7・3

映像技術の小型化・高性能化は著しい。スマートフォンでの動画撮影も日常になり、本紙の取材にも活用している。撮影した映像が見られるようになった出発点は、エジソンが発明した「キネトスコープ」だ。

その装置では、大きな箱に一人分の覗き窓があり、短い映像が楽しめる。米シカゴの万国博覧会にも出展され注目を集めた。日本に上陸したのは、誕生から数年後の1896年。その場所は神戸だった。

これからは「映像の時代」――池田先生は若き日から、その力に着目してきた。戸田先生の「原水爆禁止宣言」を後世に伝え残そうと、モノクロ（白黒）映像が主流だった時代に、カラー撮影に手を尽くしたのも、池田先生である。

第3代会長就任の翌1961年、先生は神戸・兵庫の2支部合同結成大会で、広布の記録映画の製作を発表した。発表の場を神戸にしたのは、神戸が「新しき文化の都」との考えからだ。この記録映画が、現在のSOKAチャンネルVODや聖教新聞の動画配信などに発展し、多くの友の触発の機会となっている。

世界広布の伸展や広布史を再現した動画を見るたび、今の行動が映像の一こま一こまにつながっていることを思う。わが心に広布史を刻み残す「師弟の月」7月に。

平和を願う民衆の声が世界を動かした

2022・7・5

東京の「第五福竜丸展示館」で原水爆禁止署名を見たことがある。「〇〇町婦人会」「〇〇校区婦人会」など、体裁や文面は多種多様。署名運動の自発的な広がりを物語っていた。

1954年、米国による水爆実験で、遠洋漁業に出ていた第五福竜丸が被ばく。食卓から魚が消え、放射能汚染に強い不安を感じた女性たちが水爆反対の署名運動に立ち上がった。その声は全国に波及し、集まった署名は3000万以上に。世界を動かす平和のうねりとなった。

ある女性部のリーダーが広島で被爆したのは、小学4年生の時だった。爆心地から約3キロの自宅前を、焼けただれた人々が逃げ惑う〝地獄絵図〟を見た。その体験が平和を求める心となった。

転居した兵庫で入会し、66年の〝雨の文化祭〟に参加。関西の地で刻んだ池田先生との出会いを通して、平和の直道を知る。それは人間の生命に巣くう魔性と対峙し、対話によって友の仏性を輝かせること。入会60年を迎えた今も「平和は勝ち取らなあかん！」と意気軒高だ。

過日、初の締約国会議が開かれた「核兵器禁止条約」は、世界のヒバクシャの声が推進力となり、条約発効につながった。対話の力で民衆の善の連帯を広げる。そこに「立正安国」の直道がある。

「しまくとぅば」から学ぶ

2022・7・6

　聖教電子版で本紙の方面・県版を見ていると、沖縄版の連載が目に留まった。タイトルは「しまくとぅばから学ぶ」。

　しまくとぅばの「しま」には島や村落だけでなく、古里の意味もある。「くとぅば」は言葉。だから「島言葉」と訳されるのが普通だが、沖縄地方の「古里の言葉」と言ったほうがしっくりくる。古里の文化と知恵が結晶した「しまくとぅば」を、仏法の視点を加えて解説する好企画だった。

　例えば「才知えー(シェーチェー)　一代(イチデー)、誠ー(マクトゥー)　世万代(ユーマンデー)」（才知で得たものは、せいぜい一代限りであるが、誠実の心は万代に及ぶ）。誠実で築いた信頼は崩れないことを、御書の一節「教主釈尊の出世の本懐は人の振る舞いにて候いけるぞ」（新1597・全1174）を踏まえて訴える。

かつて、標準語励行運動が強力に進められた沖縄では、しまくとぅばを学校で話すと、罰として「方言札」を首に掛けられた。古里の言葉を否定されたのだ。しまくとぅばでしか表現できないこともある。言葉の否定は、言葉を使う人と地域の否定と同じだ。

「月ぬ　走いや、馬ぬ　走い」（月の走りは、馬の走り）。駿馬が駆けるように、月日は一瞬にして過ぎ去る。今年も折り返し地点。一日一日を丁寧につづり、上半期の総仕上げに走りたい。

「池田先生の夢は何ですか?」――「戸田先生の夢を実現することです」

2022・7・14

動乱の幕末を駆けた坂本龍馬。その桁外れの発想や闊達な行動力などの人間性は、現存する手紙からも想像できる。姉の乙女に宛てた私信にある「日本を今一度せんたくいたし申候」との有名な文も、その一つであろう。

〝一国を丸ごと、きれいに洗ってしまおう〟とは夢のような話だ。だが、龍馬の言葉となれば単なる夢物語ではなく、身命を賭してでも実現する覚悟を行間に見る思いがする。こうした〝本気の夢〟の大きさは、それを描く〝人間の心〟の大きさを表している。

かつて、池田先生は創価学園生から質問された。「先生の夢は何ですか？」。先生は「戸田先生の夢を実現することです」と答えた。後に先生は、この出来事を述懐しつつ、恩師である戸田先生の夢はどれも大きかったこと、そして、その全てをかなえたことをつづった。

さらに、今、夢の実現に挑戦する未来部の友にエールを送り続ける理由をこう述べた。「みなさんの勝利もまた、私の夢だからです」と。

他者の幸福に尽くした分、自身の境涯は広がっていく。今月16日に未来部躍進月間が始まる（8月31日まで）。心に大きな夢を描き、努力を重ねる後継の友を最大限に励ましたい。共々に一歩前進の成長を刻む夏とするために。

「一人」に寄り添い 「一人」の幸福のために

2022・7・15

日蓮大聖人のもとに、富木常忍が母を亡くした報告に訪れた。常忍の夫人がずっと献身的に介護してくれたという。それを聞かれた大聖人は、すぐさま夫人宛てに筆を執られた。「ご主人が『母の臨終が安らかだったことと、あなたが手厚く看病してくれた真心は、いつまでも忘れられない』と喜んでおられましたよ」（新1316・全975、趣意）

常忍は鎌倉幕府の御家人に仕える武士。妻への日頃の感謝を素直に示せずにいた。そんな夫の心の内を伝えてもらった夫人は、どれほどうれしかったか。

夫妻のために心を砕かれた大聖人のご配慮のこまやかさに感動する。

大聖人が門下にしたためたお手紙を拝すると、一人一人が悩みや試練を乗り越えゆくよう、人生相談や生活指導があり、時には弱気を打ち破る激励も。現実に即した具体的なご指南が多い。

仏教学者の中村元博士は言う。「『法華経』が特殊な哲学を述べていないという点に、かえってこの経典の重大な哲学的立場を読み取ることができる」（『インド思想の諸問題』春秋社）

仏法は、人間を離れ、実生活を離れた理論などではない。現実に生きる「一人」に寄り添い、「一人」の幸福のために祈り尽くす振る舞いこそ、仏法の真髄である。

釈尊は一番大変なところへ飛び込んだ

2022・7・18

御書に次のような説話がある。珊提嵐国といわれる国に千人の王子がいた。ところが、彼らは乱れた国土の娑婆世界を捨て、浄土へ向かった。〝娑婆世界は自分の力では及ばない〟との理由から、衆生を顧みず出て行ったのである。

その中、〝私は十方の浄土から追い出された衆生を必ず救う〟と誓ったのが宝海梵志。後の釈尊である。千人の王子が娑婆世界の衆生救済を諦める中、釈尊はただ一人、立ち上がった（新1995・全1387、趣意）。この説話は、一番大変なところへ、率先して飛び込んでいく大切さを示している。

1962年7月18日、池田先生は沖縄本部の落成式に出席した。沖縄戦で多くの犠牲者を出し、戦後も米国統治下にあった沖縄訪問は3年連続となった。炎暑の中、初の会館誕生に沸く友の前で、先生は滝のような汗を流し、「沖縄健児の歌」の指揮を執った。

初訪問の60年も酷暑の7月だった。〝もっと涼しい時期に〟との意見もあった。だが、先生は断言する。「同志の労苦は、最も大変な時に現地へ行かなくては分からない」と。

自他共の幸福のため、あえて困難を引き受け、挑戦することに信仰者の生き方がある。広布のために流した汗は必ず、自身を成長させる力となる。

志一つで未来は変わる

2022・7・19

明治初期、戊辰戦争で焼け野原となった長岡藩に、米百俵の支援が届けられた。藩の大参事・小林虎三郎は、あえてそれを人材育成の元手とした。「（窮状）だからこそ、いま学校を建てて将来を期したいのだ」と（『国を興すは教育にあり』麗澤大学出版会）。

創設された国漢学校からは数多の英才が巣立ち、戦後の復興をけん引した。

米俵に〝藩の希望〟を見いだした先人のように、試練の中でも志一つで、全てを未来を開く糧にできる。

ある女性部員は結婚し、2人の子宝に恵まれたが、厳しい経済苦に直面した。家計は火の車で、頭の中は金策ばかり。大病も患った。その惨めさは言いようもなかった。

それでも、同志の励ましを受け、必ず幸せになれると信じ、学会活動に挑んだ。薄紙をはぐように生活は安定。乗り越えた宿命は全て、友に寄り添う使命に変わった。母の背中を見て育った子どもたちも後継の人材に。「苦労にさえ感謝できる自分になれた。それが最高の功徳です」

白米一俵御書に「凡夫は志と申す文字を心えて仏になり候なり」（新2053・全1596）とある。その時、その瞬間にどう決意し、行動するかで未来はいくらでも変えられる。清新な息吹で、新たな挑戦を開始しよう。

「未来」を考えて「今」を行動する

2022・7・23

ヒノキ素材（丸太）生産量日本一を誇る岡山県で、毎日のように山に入り、木と共に生きる青年がいる。家では米や野菜を作り、林業と農業の〝二刀流〟で地域に貢献する。

ヒノキは伐採できるまで60年かかるという。青年が伐採している木は、戦後間もなく植林されたもの。「私は伐採する時、この木を植えた先人たちを思い、感謝しながら作業します。伐採後は植林をしますが、自分が植えた木が大きく成長し、やがて伐採される時、未来の伐採者から感謝される自分でありたいですね」

60年といえば2世代である。自分が生きる時代だけでなく、孫子の代が活躍する時代を考えて「今」を行動する——持続可能な社会をつくる鍵の一つが、ここにあろう。

青年は過疎化が進む地域にあって、林業では現場のリーダーとして、地域では自治会の区長や消防団員として、学会では未来部担当者として人材育成に力を注ぐ。「焦点は人材です。新しい人を見つけ、育てなければ、後が続きません。希望の未来が開けません」

人材育成は時間がかかる。だが、人材の盤石な流れあればこそ、持続可能な未来は約束される。この夏、わが地域から「法華経の命を継ぐ人」（新1590・全1169）の流れを築こう。

2022・7～9

「子どもの権利条約」に光を当てた展示

２０２２・７・30

「皆さんとの関係は、『子ども』を中心に始まりました」。１９９０年7月、創価学会が広島で開催した「世界の子どもとユニセフ展」。元国連事務次長のチョウドリ博士が学会と出合う〝縁〟となった。

同展で博士が感銘を受けたのは、「子どもの権利条約」に光を当てていたこと。同条約は89年に国連で採択され、博士はその推進に奔走した。94年4月の日本の批准にも尽力している。

条約の特徴は、子どもを「保護の対象」とするだけでなく、「権利を持つ主体」と位置付けた点にある。「親の監督権限」などを弱めるとの意見もあったが、博士は対話を重ねていく。粘り強い行動が、反対派の国を賛成へと変えていった。

アフリカのシエラレオネで「子ども兵士」として従軍した経験を持つある人は、条約の存在を知った衝撃を語る。〝私たちの生命の価値と人間性を改めて呼び覚ますものであった〟と。この言葉に象徴されるように、条約は自らの尊厳を気付かせる契機となる。

創価学会女性平和委員会が、中高生世代を対象とした「子どもの権利条約」に関するオンラインアンケートを推進している（8月31日まで）。こうした取り組みを通して、子どもと一緒に、人権と人間の尊厳を学び合う夏としたい。

地に足を着けた歩みの人が最後に勝つ

2022・8・2

名実共に日本の〝お家芸〟になったと言っていいだろう。先日閉幕した陸上の世界選手権で、日本代表は過去最多に並ぶ4個のメダルを獲得。うち3個は近年、表彰台の常連となっている「競歩」だった。

大会最終日に行われた男子35キロ競歩では、川野将虎選手が初の銀メダルに。イタリアのマッシモ・スタノ選手にわずか1秒届かなかったが、一騎打ちとなった終盤の大激戦は世界を興奮の渦に巻き込んだ。

レース後の川野選手の言葉が印象に残った。それは伝統を築いてきた先輩たちへの感謝。昔は今のように恵まれた環境ではなく、何もかも自分でやらないといけなかった。「今の日本の競歩があるのは歴代の先輩方のおかげ。バトンをつなげて良かった」と。

どんな道も最初からあるわけではない。草を分け、石を除いて前へ進むことで、小さな道ができる。その後を二人、三人と、何人もの人が続き、踏み固めることによって大道となる。先人のバトンを継ぎ、発展させゆく存在があってこそ、道は大きく開かれる。

競歩のように速く「歩」き続けるのは難しくても、「止」まらなければ「少」しずつでも前進することはできる。地に足を着けた歩みを続けられる人が最後に勝ち輝く――それを忘れまい。

平和都市に生まれ変わった〝ヒロシマ〟　2022・8・6

77年前の8月6日、原爆で広島の街は壊滅した。その廃墟に立ち、投下直後からがれきを拾い始めた人がいる。後に原爆資料館初代館長を務める科学者の長岡省吾氏だ。

氏は被爆の実態調査のため、石や瓦などを収集。原爆症を患い、周囲からは嘲笑されたが「原爆がどんなに恐ろしいものであったかを、世界中の、そして後世の人にわからせる」との信念に、やがて多くの人が作業に加わるようになる。がれきは今、〝無言の語り部〟として資料館に保管される（石井光太著『原爆広島を復興させた人びと』集英社)。

過日、青年部主催の「被爆証言会」で80歳の女性部員が語っていた。「宿命を転換する信心に出あい、被爆者として立ち上がりました」と。紙芝居を用いて証言する模様は、学会公式サイトで動画配信されている。

池田先生は米国で開催中の「核兵器不拡散条約再検討会議」に寄せて、緊急提案を発表した。その末尾にこうある。「危機を危機だけで終わらせず、そこから立ち上がって新たな時代を切り開くことに、人間の真価はある」

被爆者の血と涙に誓って、広島は平和都市〝ヒロシマ〟に生まれ変わった。過去は変えられなくとも、そこに意味を見いだすことから、新しい未来が創られる。

若き世代と　核兵器なき未来へ

２０２２・８・９

未来部員のために行われた「戦争体験を聞く集い」に参加した。語り部の壮年は広島の原爆で母と弟を失った。長年、後遺症と闘い、いわれなき偏見や差別にも耐え抜いてきた方である。

話を聞き、一人の少年が質問した。「平和のために僕たちができることは何でしょうか」。壮年は答えた。「身近な一人を大切にしてください。例えば、こちらが軽い気持ちで人をからかったとしても、相手は地獄と感じていることもある。だから、いじめや差別は〝小さな戦争〟なんです。皆さんは、弱い立場の人を思いやる優しい人になってくださいね」

壮年の一言一言には、過酷すぎる試練を越えてきたゆえの優しさ、温かさがあった。会場を見渡すと、大きくうなずきながら聞き入る子、真剣にメモを取る子、目を潤ませている子もいた。

これまで多くの被爆者から貴重な証言を伺ってきた。そのたびに命が揺さぶられ、原爆への怒りが込み上げた。今、強く実感する。〝懸命に生き抜いてきた方々の心を受け継ぎ、平和のために勇気をもって行動し続けなければならない〟と。

きょう9日は長崎原爆忌。改めてヒロシマ、ナガサキと真剣に向き合いたい。若き世代と共に、核兵器なき未来へ新たな歩みを始めよう。

創価の師弟の出会いから75年

2022・8・14

　SGIメンバーのハービー・ハンコック氏は、2008年に米音楽界の最高栄誉・グラミー賞の「最優秀アルバム賞」を受賞した。氏はその快挙を通して思ったことを、SGIの会合で同志に語りかけた。「自分の信じる道で、池田先生のように生きていくべきです」

　氏は同賞の候補になった段階で誓ったという。「善」に貢献し、社会を変革しゆく人々に励ましを送る――先生が生きてきたこの〝道〟に私も連なろうと。

　氏は〝勝つためにどう祈るのか〟〝どうやって心の無明を晴らせるのか〟〝私

利を超越した崇高な目的をいかに見つけるか〟を、創価の師弟の道に見いだそうとした。同賞を獲得したとき、〝人間が持つ無限の可能性を実際の生き方に変えていくのが仏法〟と確信できたという。

１９４７年８月14日、池田先生は恩師となる戸田城聖先生と出会った。池田先生は語る。「あの日の出会いから、私は誓願の人生を進むことになりました。今、同じように、新しい時代を担う青年たちが日本中、世界中で陸続と立ち上がってくれています。それが何より嬉しく、頼もしい」

師弟の出会いから75年。８月14日は、私たちが「弟子として、どう生きていくのか」を今一重深く心に決める日でもある。

二度と戦争は起こさないと誓う「8月15日」

2022・8・15

東日本大震災の被災者には〝二重の時間〟があると、社会学者の金菱清氏が本紙で語っていた（7月7日付）。震災で〝止まったままの時間〟と、今も進み続ける〝現実という時間〟である。

震災から5年後、氏はある母親に、6歳で亡くなった娘宛てに手紙を書いてほしいと依頼した。母親は当時の娘の年齢に合わせて「ひらがな」で書くべきか、生きていれば小学校高学年だから「漢字」も交えるべきか迷っているうちに苦しくなったという。時間とともに、心の痛みが増してしまうこともあると氏は指摘（してき）する。

きょうは「終戦記念日」。戦禍（せんか）に苦しんだ人々も心の痛みを抱（かか）え、77年を生きてきた。広島のある壮年部員は爆心地（ばくしんち）から約4キロで被爆（ひばく）。3歳の妹の遺体（いたい）を川で焼（や）いた。「熱いじゃろうね」。そう語っていた5歳の弟も死去。兄も死んだ。

戦後、壮年は口（くち）を閉（と）ざした。同じ被爆者の妻と結婚（けっこん）し、信心に出あってからも、自分だけ幸せになっていいのかと自責（じせき）の念（ねん）にかられ続けた。それでも戦争から77年を迎（むか）えた今、「人前では話せんが、亡き家族のために」と重い口を開き始めた。

流れゆく時間の中で今も心が癒（い）えない方々（かたがた）がいる。その事実を受け止め、二度と戦争は起こさないと誓（ちか）う「8月15日」でありたい。

友への最大の贈り物は「言葉」

2022・8・16

東京・信濃町の世界聖教会館に展示室がある。来館記念のオリジナル紙面を作成できるほか、本紙の配達に携わる「無冠の友」を顕彰するコーナーも。

先日、展示室で池田先生が撮影した雪柳の写真とそのエッセーに見入る夫婦がいた。エッセーの中に「悩みがあるから、心は育つ。うんと悩んだ日々こそ、一番不幸だと思った日こそ、あとから振り返ると、一番かけがえのない日々だったとわかるものだ」との言葉を見つけた夫が妻に言った。「その通りだ」

数々の労苦を乗り越えてきたのだろう。夫は野菜農家。今年は円安の加速などが原因で肥料や資材、燃料の価格高騰に加え、野菜の単価が思うように上がらない状況が続く。「それでも絶対に負けません。信心根本に現状を打開し、この地で農業をやり抜きます」。道の駅やネットでの新規販売も手掛け、活路を開く。

池田先生は先のエッセーで「雪柳は動かない。雨の日も、寒風の日も、じっと自分の場所で根を張って頑張っている」「人間も、魂の根を張ったところが『自分の故郷』になる」と。

私たちが、友に届ける最大の贈り物は「言葉」——相手の幸福と勝利を祈る心を結晶させた一言一言だろう。言葉と生きていく本紙の使命もここにある。

〝青年に学べ〟――それが学会の伝統

2022・8・17

今年は4年に1度のサッカーW杯イヤー。本番のカタール大会が3カ月後に迫り、日本代表の活躍にいや増して期待が高まる。

競技の発展には選手の育成とともに、指導者の成長が欠かせない。日本サッカー協会で「キッズプロジェクト」に取り組む皆川新一氏には、それを痛感した出来事がある。

かつて中学校でコーチを務めていた時のこと。試合に敗れた怒りから〝罰走〟を命じるが、一人だけ走らない少年がいた。彼に〝選手だけが走るのは納得できない〟と言われ、勝敗はコーチにも責任があると感じた氏は、一緒に走るが途中でダウン。選手に押し付けるコーチング姿勢を見直すきっかけとなり、指導者として生きる上で大きな転機となった。その少年とは、後に日本代表で活躍する中田英寿氏だった（『山梨のサッカー』山梨日日新聞社）。

青年に学ぶ――信心の世界も同じだろう。池田先生は、晩年の戸田先生が「君たちのほうが私に教えてくれ」と語っていた姿を通し「〝青年に学べ〟は、学会の伝統です。そこに永遠の『進取』と『進歩』の軌道がある」と訴える。

立場や年齢を超えて、自ら〝学ぼう〟〝変わろう〟とする人は無限に向上できる。そこに、わが境涯を拡大する「人間革命」の直道がある。

〝創価大学で学びたい〟
――夢を実現した青年の軌跡

2022・8・19

2003年11月14日。この日の本紙に、当時連載していた池田先生の小説『新・人間革命』「創価大学」の章の第1回が掲載された。

同じ日、都内の病院で1人の男の子が生まれた。か細い産声を上げた彼の体重は796グラム。右手の指と右腕には障がいがあり、右の肺は気管支鏡でも確認できなかった。医師は両親に「2週間がヤマです」と告げた。

彼の生命力は、その〝険難の峰〟を越えた。ただ、その後も試練は続く。脳性まひの影響もあり、歩けるようになったのは3歳だった。小学生の時は、体育着の着替えや給食などで、級友に遅れまいと頑張りすぎて、体調を崩したこともある。

それでも両親の祈りと愛情に包まれた彼は、着実に成長していった。小学6年で少林寺拳法を始めた。後年、初段を勝ち取り、黒帯に金文字で「不撓不屈」と刺しゅうを。彼と両親は、この4文字を心に刻み、前に進んだ。

彼には夢があった。〝創価大学で学びたい〟――今春、その夢を実現した。創立者の池田先生は入学式にメッセージを贈った。「偉大な使命を自覚して勇敢に立ち向かうならば、艱難をも飛翔の力へ変えて、計り知れない高みへ上昇することができます」。その通りに生きてきた彼は、堂々と胸を張る。

自分が盾となって師匠を守り抜く

2022・8・24

作家・中島敦の短編小説「弟子」には、孔子に仕えた子路の潔い生きざまが描かれている（『山月記・李陵』岩波文庫）。孔子の「極めて高く汚れないその理想主義に至るまでの幅の広さ」という圧倒的な人間性に引かれ、子路は弟子となった。

常に体当たりで孔子に師事した子路は、どの弟子よりも叱られた。その一方で師を中傷する人間がいれば、徹底して戦う弟子だった。優秀な弟子は他にも数多くいた。その中でも、子路は心に決めていた。〝濁世のあらゆる侵害に対し、自分が盾となって師匠を守り抜くのだ〟と。孔子もまた、身命を賭して弟子の道を貫いている子路の心を誰より知っていた。

75年前のきょう8月24日、池田先生は入信した。以来、先生が歩んだ信仰の道について、宗教社会学の第一人者で上智大学の名誉教授だった安斎伸氏は次のように表現した。

牧口初代会長、戸田第2代会長という希有な指導者が賭けた信仰に、池田名誉会長も賭けられ、その初心、生き方を貫くことで信仰を深化させ、また深めていくことで揺るぎない信仰の基盤を築かれたのでしょう――と。

「師弟の精神」の真実は普遍、かつ不変である。この道を貫いた三代の歴史こそ、創価の誇りであり、宝である。

「挑戦している時」が「人生で最高の瞬間」

2022・8・25

「人生で最高の瞬間」はいつか。冒険家の三浦雄一郎氏は、それを「挑戦している時」と語る。5日付本紙・北海道版のインタビューだ。氏は80歳で世界最高齢のエベレスト登攀を成す。89歳の現在も、病と闘いながら来季の富士山登頂を目指して挑戦を重ねている。

北海道のある壮年は数年前、病気で体が不自由に。〝年も年だし〟と一度は家にこもった。だが入院中から励まし続けてくれた同志に「心で負けてはいけないよ」と言われ、ハッとする。

外に出て、車いすでまずは近所を回ることにした。それを決まった時間に毎日続けた。すると「頑張ってるね」「手伝いましょうか」と何人もの住民から声をかけられた。何げない会話から友好対話の輪が広がり、今ではその多くが友人になった。

人生はよく山登りに例えられる。新たな決意で挑む〝山〟は、その人にとっての〝最高峰〟。まだ見ぬ自分の可能性を信じ、少しずつでも理想の頂上へと歩みを進められるかどうか。険難の山道を登り切ってこそ、新しい〝景色〟を見ることができる。

先のインタビューで、氏はこうも述べていた。「誰だって何かに挑戦できる。その一歩一歩に感動がある」。限界をつくるのも破るのも、全ては自分自身である。

悲願の全国制覇を成し遂げた仙台育英

2022・8・27

深紅の大優勝旗が「白河の関」を越えた、熱戦の余韻が冷めやらない。夏の甲子園は、宮城・仙台育英高校が東北勢初の頂点に立った。

同校は厚みのある打線が最後まで好調を維持。全試合を好投手5人による継投で勝ち抜いた。悲願の全国制覇を成し遂げた背景には「日本一激しい」と自負するチーム内競争がある。

同校OBの須江航監督は高校時代、ずっと控え選手だった。どうすれば試合に出られるか悩んだ経験を育成に生かし、ベンチから外れた選手も含め、一人一人の能力を数値化。具体的な目標を明示して励ましを重ね、選手たちも期待に応えた。団結力と総合力も培われた。〝誰にでもチャンスはある〟——その心が反映された監督の優勝インタビューは、コロナ禍で〝密な青春〟を過ごせなかった全国の高校生へのエールとして、大きな反響を呼んだ。

励まし合い、切磋琢磨する仲間がいれば強くなれる。目標が大きければ、その分だけ大きな力が出せる。それが青春の生命の素晴らしさだろう。

打ち続く試練にも負けず、この夏、努力と挑戦の汗を輝かせた全ての若き友に拍手を送りたい。そして私たちもまた、共戦の同志と支え合い、生涯青春の心意気で〝わが勝利の最高峰〟へ挑み続けよう。

ゴルバチョフ氏の足跡と池田先生との友情

2022・9・1

『若い皇帝』というトルストイの寓話がある。若くして巨大な権力を得た皇帝に、三つの声が呼びかける。第一の声は〝あなたの責任は与えられた権力を維持していくことだけだ〟。第二の声は〝自分の責任を上手に回避しなさい〟。そして第三の声は呼びかけた。〝「皇帝」でなく「人間」としての責任を果たせ！　苦しむ民衆のために行動せよ！〟

1997年11月、池田先生は、この寓話を引き、関西創価学園生に語りかけた。「第三の『人間指導者』の道を選択した勇者こそ、ゴルバチョフ博士であると、私は断言したい」。横で、氏とライサ夫人がにっこりと微笑んでいた。

先生と氏の初会見は90年7月のクレムリン。氏が来日の意向を示し、大々的なニュースになった。だがその後、政権を追われ、ソ連が崩壊すると、氏はその責任を押し付けられ、「過去の人」扱いを受けるようになる。

先生との友情が深まったのはむしろ、そこからだった。先生は一貫して、歴史の歯車を動かした氏の功績を明言し、ライサ夫人を病で失った氏と家族を励まし続けた。

創価大学には、氏と夫人で植えた「ゴルバチョフ夫婦桜」が茂る。「人間」として戦った氏の足跡と先生との友情をたたえ、年々歳々、咲き続けるに違いない。

「生きること」が「負けないこと」

2022・9・4

「はい、逃げます」。どんなに強い格闘家も、「もしも最強の敵が現れたら、どう戦うか」と聞かれたとき、そう答えることがある。逃げる? なぜ? 「負けないために」――本紙が10代、20代をターゲットに、先月から配信しているラジオCMの一節である。

夏休みの終了前後は、子どもにとって「つらい気持ちのピーク」(認定NPOチャイルドライン支援センター)といわれ、残念ながら毎年、いのちを落とす子が多い。しかし本来、学校に行くことだけが正解ではない。悩みから避難してみることが最善のときもある。

ノンフィクション作家の石井光太さんは「子どもに答えを一つ提示することではなくて、さまざまな選択肢を用意してあげること」と、大人の役割を語る（本紙1日付）。何より大切なことは「生きること」。それが真の意味での「負けないこと」だからだ。

もう一つのラジオCMのタイトルは「悲しいことがあった日の夜に」。心ない言葉も飛び交うSNSを閉じて、遠いどこかで涙を流す誰かのことを思う。ナレーションは実際に中学1年の女子生徒が務めている。

これからも本紙の発信する「言葉」が、つらい思いを抱える方々の心に届き、明日への一歩を支えることを信じたい。

若き世代の心に「平和の砦」を築く

2022・9・8

小・中学生を対象に、約300回も講演し、被爆体験を伝えてきた壮年がいる。91歳の今なお、精力的に活動を続ける胸の内を語っていた。「当時を振り返って思うのは、誤った教育が国家の暴走を許す温床になったということです」

戦前・戦中を生きた人々は「教育勅語」で育てられた。国家の命令に従うのは当たり前。国が戦争を始めたら賛成する人が〝賢い〟、お国のために命を捨てる人が〝強い〟と思わされた。本当は戦争に反対するのが賢く、何があっても生き抜くのが強いはずなのに。

壮年は言う。「だからこそ、正しいことは正しい、おかしいことはおかしいと主張できる〝真に賢く〟〝真に強い〟人を育てたい。そのために私は語り抜きます」

ドイツの劇作家ブレヒトは、こう警鐘を鳴らした。「何千回も言われ尽くしたようなことでも、もう一度言わねばならない」「後悔することのないように」(石田勇治他訳)。戦火なき未来を開くには、今この時、若き世代の心に「平和の砦」を築く対話を重ねるしかない。それが過去の教訓だ。

きょうは、第2代会長・戸田先生の「原水爆禁止宣言」発表65周年。恩師の遺訓を心肝に染め、若き世代と共に、核兵器廃絶へ新たな挑戦を開始したい。

師の教えを守り実践することから道は開かれる

2022・9・9

能の観世流シテ方の人間国宝・野村幻雪氏は狂言師の家に生まれ、15歳で能の世界に飛び込んだ。

10年間の内弟子時代の日課は、舞台の床を清める雑巾がけ。能面をつけて舞台に立つ能では、視界が限られ、位置感覚をつかむのが難しい。毎日の雑巾がけは、その舞台空間を体得するための大切な修行だった（『梅は匂ひよ　桜は花よ　人は心よ』藤原書店）。

技芸の世界には「守・破・離」という言葉がある。「守」は師から流儀を習い、「破」は他の技も学び深め、「離」は自らの境地を開くこと。芸の道を究めるにはまず、師匠の教えを守り、実践することから出発する。「守」があってこそ、芸の境地が大きく開かれていくと捉える。

法華経嘱累品に「世尊の勅の如く、当に具さに奉行すべし」(妙法蓮華経並開結579ページ等)と。菩薩たちの〝釈尊の言われる通りに実行します〟との言葉である。この誓いを3回繰り返し、釈尊への「ご安心ください」との言葉をもって、法華経の、師匠から弟子に付嘱する場面は終わる。

師匠の教えを「身口意の三業」、すなわち「体」で「口」で「心」で実践していく――ここに、私たちの仏道修行の根本がある。その実践が、いかなる困難にも揺るがぬ不動の境涯を開く。

子どもたちを見守る〝月〟の願い

2022・9・10

夜空に中秋の名月が輝いていた。45年前の1977年9月27日、池田先生は少年少女部のメンバーと〝月見の会〟に参加し、完成したばかりの詩「お月さまの願い」を披露した。先生の朗読に、子どもたちは真剣に耳を傾けた。

この詩をもとに先生は創作童話『お月さまと王女』を執筆。鼓笛隊のメンバーが詩に曲を付けた。「母さま　大事にしてますか」「正しく　育ってくださいね」。少年少女たちを優しく見守る〝月〟の願いが込められた歌は、多くの友に愛されている。

宇宙と人間――その関係は古くから論じられてきた。天文学者のフレッド・ホイル博士は、池田先生との会見で語った。「祈りの本質とは『宇宙へのメッセージ』ではないかと思うのです。果てしなき宇宙に向かって、自分のメッセージを送り、そして宇宙の〝声〟に耳を澄ませて、その返事を聴くということです」

仏法では「外なる大宇宙」と、自身を指す「内なる小宇宙」は〝不可分の関係〟と説く。宇宙に包まれる自分が、わが一念の中に宇宙を包み返していく。博士の言葉にならえば、この双方向の交信を成り立たせる力が「祈り」である。

きょうは中秋の名月。壮大な天空を仰ぎ、清新な決意で信心根本に成長の歩みを進めたい。

戦争の風化と戦う　平和を叫び続ける

2022・9・11

「かながわ平和祈念館」で読んだ女性の手記には、亡き母の半生がつづられていた。29歳の息子がビルマ（現ミャンマー）で戦死。母のもとに届いたのは、遺髪も遺骨もない白木の箱だった。

母は「息子は必ず帰る」と信じた。夜風が雨戸をたたき、柿の実がトタン屋根に落ちる音にも反応した。息子を待ち続け、85歳で亡くなった、という。

かつて、広島で暮らしていた別の女性。おなかに新しい命を宿したが被爆する。5歳の娘は原爆症で他界し、胎内にいた息子は原爆小頭症を患った。女性は〝息子に幸せな人生を歩んでほしい〟との思いから、転居した神奈川で創価学会に入会する。

彼女の体には、ガラス片の傷痕があった。その体を押して、仏法を語り歩いた。戸田先生の「原水爆禁止宣言」を実現したいとの一心からである。彼女の平和への思いを継いだ子どもたちは、広島の原爆小頭症患者などでつくる会に所属し、核兵器廃絶のために行動を重ねる。

冒頭の女性の手記には「今も病床で呻吟する被爆者や、『戦争』という非情な世界へ肉親をむしり取られた遺族らに、戦争の風化は無い」と。風化と戦い、平和を叫び続ける――それは、今を生きる私たちが果たすべき、人間としての責務である。

人類の危機を克服する処方箋

2022・9・16

歴史学者・トインビー博士の大著『歴史の研究』の日本語版は、全25巻からなる。第14巻から第20巻までの7冊には、それまでの13巻までとは異なり、「高い張りつめた調子」があふれている。

その理由は、7冊が執筆されたのが、広島と長崎に原子爆弾が投下された後だからである。博士は述べている。「私の感情が滲み出るほど、これらの悲劇的な不吉な政治的事件に深く動かされなかったとすれば、そのほうが異様である」

（『歴史の研究』第21巻、下島連ほか訳）

いかにすれば核兵器をはじめとする、人類の危機を克服することができるか――。50年前に始まった博士と池田先生の対談も、その問題意識に貫かれている。博士は語らいの中で、核兵器の永久不使用や地球環境問題の解決の方途について、「自己中心性を克服していくなかに見いだせるはず」と結論している。

〝20世紀最大の歴史家〟と称される博士が、人類の諸課題を根本的に克服する処方箋は、「人間の変革」にしかないと見た。その力を与え得る「宗教」とは何かを考察し、創価学会に最大の期待を寄せた。

宗教の使命は、人間をより聡明にし、希望を生み出していくことにある。私たちは、この「人間革命の大道」を力強く進みたい。

「変えてはならないもの」「変えるべきもの」

2022・9・18

58年ぶりの快挙(かいきょ)に列島が沸(わ)いた。プロ野球・ヤクルトの村上宗隆(むねたか)選手が、日本選手のシーズン最多本塁打数(ほんるいだすう)（55本）に到達(とうたつ)した。次は記録更新(こうしん)、そして歴代最多の60本超(ご)えなるか。22歳の若武者(わかむしゃ)の活躍(かつやく)に期待が膨(ふく)らむ。

特別なことは何もしていないし、打てて不思議(ふしぎ)でも何でもない。自分なりに1年やってきたことを着実にやっているだけだと思う——そう語ったのは、1964年に55本を放(はな)った王貞治(おうさだはる)さん。自身の記録に村上選手が並(なら)んだ直後のコメントだ。自分がそうだったように、彼にも同様の感覚があるのではないか、と。

その上で、本塁打を量産するのは「我々の時代よりも難しい」とも。投球術や投手の起用法などが進化する中でこれだけ打てるのは、基本を大切にしながら自分なりに努力と挑戦を積み重ね、圧倒的な技術を身に付けたからだろう。

どんな技術であれ、時代とともに研究され、陳腐化する。ゆえに、それまでと同じことをしているだけでは成長も勝利もない。「変えてはならないもの」は変えず、「変えるべきもの」は変えていく。そこに成否や勝敗を決する鍵がある。

精神や伝統は堅持しながらも、知恵を湧かせ、新しい価値を創造していけば、強くなる。人も組織も同じである。

読書は価値創造の根幹の力

2022・9・23

評論家の草柳大蔵氏が生前、池田先生を取材したことがある。その折、先生が「戸田大学」で使用したテキストの中から20冊を借りて、目を通した。『世界史』（矢田俊隆著、有精堂）や『化学』（F・S・テーラー著、河出書房）などジャンルは幅広い。氏は記している。「どの本も最終頁まできちんと赤線がひかれ、書きこみのしてあるのにはおどろいた」（『実力者の条件』）。広布の激闘が続く中で、池田先生は書を繙き、学び続けた。

恩師から教わったテキストや、戦時中に防空壕に入れて守った本など、青春時代からの愛読した約7万冊の書籍を、池田先生は創価大学に寄贈している。その膨大な蔵書は、中央図書館の「池田文庫」に所蔵された。関係者の強い要望によって命名された同文庫は、今年で開設25周年となる。

池田先生は折々に読書の大切さを創価大学生に語ってきた。2004年1月、中央図書館に足を運んだ先生は、勉強に励む学生に声をかけ、「読書は黄金の輝き」「読書は勝利者の源泉」「読書は幸福の伴侶なり」など、次々と箴言を贈った。

慌ただしい日々の中でも、活字に触れ、思索を深める時間を持ちたい。良書に親しむことは、それ自体が喜びであり、価値創造の根幹の力となる。

“冬のあとには春が必ず来るに決まっている”

2022・9・24

その女性の御書には、多くの書き込みがあった。後半部分は数百ページにわたって、細かなメモがほぼ全ての行に記されていた。

幼い時に両親が離婚。母は病の克服を願い、1952年に信心を始めた。彼女も入会し、美容師として母を支えた。しかし、経済的には厳しい状況が続いた。その苦悩を聞いた先輩は、彼女を連れて学会本部へ。そこで、池田先生と出会った。

彼女はありのままを伝えた。すると、先生は「今は冬の信心だね。冬のあとには、暖かい春が必ず来るに決まっているよ」と。そして、御書の「法華経を信ずる人は冬のごとし。冬は必ず春となる」(新1696・全1253)を拝し、凍えた彼女の心を温かく包み込むように励ましを送った。

彼女は「あの時に、心の重い雲がサーッと去った。暖かい太陽の光が、生命に降り注いだような気がした」と振り返る。この時の池田先生の励ましが、彼女の御書研さんの原点となった。昨年、89歳で霊山へ旅立つまで、御書根本の人生を歩み続けた。

11月の教学部任用試験へ向け、各地で研さんの息吹が高まっている。今この時、受験者と、その挑戦を励ます人で築く〝信心の思い出〟は、最高の宝と輝いていく。試験に挑む一人一人を、全力で応援しよう。

人間は必ず変わることができる

2022・9・28

戦後、沖縄民政府の初代知事を務めた志喜屋孝信氏は、教育者として名高い。故郷のうるま市にはその功績をたたえ、銅像が立つ。教師時代は〝ライオン先生〟と呼ばれ、厳愛の指導で生徒から慕われた。

教育向上のため私財を投じ、私立中学を開校するが、沖縄戦で焼失。軍事教練の場に立ち、教え子たちを戦場へ送ってしまう。深い悔恨を残し、その自責の念を戦後の復興の誓いにした。郷土の再建に尽力した後、沖縄初の大学の学長に就き、人材育成の礎を築いた。

紀元前3世紀、インド初の統一国家を築いたアショカ大王。かつて〝暴君〟と恐れられたが、戦乱の地獄図を見て、痛切な後悔の念にさいなまれた。大王は仏教に帰依し、「武力による政治」ではなく、「法による統治」を行った。

インド・ガンジー研究評議会のラダクリシュナン博士は、「最初は暴君と恐れられたアショカ大王でさえ、平和の指導者へと変わることができた。自己を変革することができた」と述べ、「誰もが自分を変えることができる――そうガンジーは見た」と。

人間は必ず変わることができる。変わろうとする一念から、新たな時代の扉も開かれる――史実は、そう教える。一人の人間革命には無限の力がある。

第3章

2022年10月～12月

10月　1日　「学術部の日」50周年
12月 22日　統監部結成70周年

10月　3日　プロ野球、東京ヤクルト村上宗隆選手、日本人シーズン最多56本塁打を放ち、史上最年少で三冠王に
10月 22日　スピードスケート小平奈緒選手、引退レースで堂々優勝
11月 23日　サッカーW杯、日本はドイツに歴史的勝利
11月 30日　江沢民元中国国家主席逝去
12月 18日　サッカーW杯、アルゼンチンが３度目の優勝

世界最高の哲学を学ぶ喜び

2022・10・4

日蓮大聖人の仏法は、人間を「強く」「善く」「賢く」する〝生きた哲学〟である。11月6日、4年ぶりに行われる伝統の「教学部任用試験（仏法入門）」。世界192カ国・地域に広がった生命哲学を研さんする。

初の任用試験が実施されたのは、1952年（昭和27年）12月。午前に筆記試験、午後に御書の講義実習があり、合否は即日発表された。試験は「南無妙法蓮華経とは何ぞや」などの記述式の問題。1題は、第2代会長の戸田先生が出題した。

当日の模様を報じた本紙を見ると、筆記試験に取り組む、真剣な受験者の写真が目に飛び込んできた。説明文には「いくつになっても頭の痛い試験場風景」と。

この任用試験の合格者を加えた「教学部一覧」も掲載されていた。そこには、助教授に任命された池田先生の名前が。先生は「世界最高の哲学を学ぶ喜び」と題した一文を寄せ、生命の法理を明らかにしたのが御書であり、教学研さんは「誰人も知らぬ大哲学を勉強しているような喜び」とつづっている。

第1回の任用試験は、学会による御書全集が発刊された年に実施された。70年後に行われる今回の試験は御書新版の発刊後、初の開催となる。時代は変われど、私たちは永遠に御書根本に進む!

種子島で奮闘する理容室の5代目

２０２２・10・6

鹿児島・種子島に、創業１３０年を超える理容室がある。５代目となる男子部員は、４代目で副圏長の父、支部女性部長の母と共に店に立つ毎日だ。

店が終わると学会活動に飛び出す両親の背中を見て育った。〝自分も島で貢献を〟と理容の道へ。だが幼少期から吃音に悩み、人前で話すことが苦手だった。理容師はお客とのコミュニケーションも仕事の一つ。真剣に勤行・唱題に励み、男子部の仲間と語り合う中で、徐々に症状は改善していった。

島にあっても懸命に技術を磨き、一昨年には、県の理容競技大会で優勝に輝いた。仕事の傍ら、清掃活動など地域行事にも積極的に取り組む姿に信頼が寄せられる。学会では、男子部本部長として奮闘。今週末に放映される全国男子部幹部会に向けて、愛する島を舞台に同世代への励ましを広げている。

池田先生はかつて、離島の友に語った。「皆さんは、偶然、それぞれの島に暮らしているのではない。日蓮大聖人から、その島の広宣流布を託され、仏の使いとして、地涌の菩薩として、各島々に出現したんです。仏から遣わされた仏子が、負けるわけがありません」

あす7日は「勝利島部の日」。不屈の心で島広布に駆ける同志を、皆で最大にたたえたい。

生産者が見せた〝収穫の笑顔〟

2022・10・10

兵庫の米農家の声が弾んでいた。「お米ができすぎて、一気に刈り取ることができないほどの大豊作！　農業人生50年、こんなに取れたのは初めてです」その方は続けた。「私たちの役割は、稲が持つ使命を果たす環境をつくること。天候にも恵まれ、稲は使命を立派に果たしてくれた。感謝、感謝です」。米の字を分解すると「八十八」と成り、米ができるまでには88回の手間がかかるとされる。新米の一粒一粒は真珠のように光っていた。農家の祈りと努力の結晶だった。

北海道でジャガイモなどを作る畑作農家も収穫の笑顔に満ちていた。「去年は不作でしたが、今年は地域全体として出来がいい。私たち農家が一番うれしいことは、皆さんが『おいしい！』と食べてくれること」。大地から掘り出されたばかりのジャガイモの味は格別だった。

収穫の笑顔は、農作業の中での希望の象徴である。池田先生と対談した〝インド近代農業の父〟スワミナサン博士は「農民が不幸な国は、どんな国民も幸福ではありません。農民の幸せな笑顔が、その国の幸福を決める」と。

生産者に感謝し、笑顔が続くよう最大に応援したい。私たちの命の営みは「食」を生産する方々の奮闘によって成り立っているのだから。

「先人への感謝を忘れるな」

2022・10・15

そば粉を使わない「沖縄そば」を「そば」と表示してはならない——沖縄の本土復帰後、公正取引委員会から沖縄生麺協同組合に連絡が入った。そば粉を3割以上使用することが「そば」の表示の条件だからだという。

県民に親しまれた「そば」を守るため、地元業者は動いた。粘り強く交渉を重ね、1978年10月17日に「本場沖縄そば」として認可。本土市場への参入で全国に知られるようになり、後にこの日は「沖縄そばの日」と制定された。

そばの呼称一つにも影響を及ぼした本土復帰。ドルから円への通貨切り替え、車の右側通行から左側通行への変更など、米国からの施政権返還は県民生活を激変させた。今の日常があるのは先人たちの努力あってこそと、改めて心に刻んだ。

米国の歴史学者ハーディング博士は、キング博士の人権闘争の後も〝悪がなくならないのはなぜか〟との青年の疑問にこう答えた。「キング氏が、すべてを解決してしまっていたら、次の世代は何もすることがないではないか」。そして「先人への感謝を忘れるな」と。

より良い世界を築く責任は、今を生きる私たちにある。その第一歩は「先人への感謝」から始まる。歴史から学び、未来への誓いと行動を新たにしたい。

民衆の手に音楽を――民音創立の目的

2022・10・17

現代は多くの人が気軽に音楽を楽しめる。テレビやラジオをはじめ、インターネットも普及し、過去の偉大な音楽家の名曲を、一流の演奏で聴くこともできる。つくづく恵まれた時代になったと思う。

民音が創立されたのは1963年10月18日。当時は、クラシック音楽の演奏会に行ったり、バレエや古典芸能を鑑賞したりする人はわずか。そうした中、「民衆の手に音楽を」との目的で設立された。

池田先生は小説『新・人間革命』第7巻「文化の華」の章で〝広宣流布とは、

いかなる状態をいうのか〟とのテーマについて、こうつづっている。「文化という面から象徴的にいえば、たとえば日本の庶民のおばあちゃんが、井戸端会議をしながら、ベートーベンの音楽を語り、バッハを論ずる姿といえるかもしれない」

長年、民音公演に親しんできた友が語っていた。「日本にいながら世界の多彩な文化に直に触れることができる。最高の〝心のごちそう〟ですよ」。民音の事業は幅広く、文化講演会、学校コンサート、キッズ楽器体験展など、大衆に根差した文化興隆に努めてきた。

それを支える推進委員や賛助会員をはじめ、大文化運動をけん引する全ての方々の深き理解と尽力に感謝と敬意を表したい。

リーダーの熱い心が勝敗を分ける

2022・10・21

全長200メートル、総重量は40トン――「世界一のわら綱」としてギネスブックに認定されている沖縄の伝統行事「那覇大綱挽」。コロナ禍で規模は縮小されたが、今月、3年ぶりに開催された。例年、20万人以上が訪れ、数万人で大綱を引き合う一大行事だ。

この熱戦を盛り上げるのが、14旗の「旗頭」。大きいものでは高さ10メートルもあり、引き手を鼓舞する。その旗持ちを、20年以上務めた壮年部員が教えてくれた。

旗頭の重さはいずれも50キロ前後で、持ち上げられる時間はせいぜい数分。だから旗持ちは何人もいて、交代で掲げ続ける。その間、常に周囲の人々が旗頭を支えるという。「〝たとえ、一人になっても倒さない〟という責任感。〝皆の力があって掲げられる〟という感謝と団結の心。これが、旗持ちに必要な精神です」

あらゆるリーダーが心すべき姿勢だろう。勝敗や成否を分けるのは、断じて戦い抜こうとする中心者の熱き一念であり、同志一人一人を大切にする強き心だ。日蓮大聖人は「軍には大将軍を魂とす」（新1688・全1219）、「心固ければ、則ち強し」（新1320・全979）と仰せである。

さあ、勇気の信心で生命を磨き輝かせよう。宝の友と人生勝利の大旗をひるがえすために。

可能性を信じて関わり続ける

2022・10・25

今月、「全国男子部幹部会」の放映行事が開催され、各地で広布拡大のドラマが陸続と生まれた。明「青年・凱歌の年」へ先駆する若師子たちの姿が頼もしい。

栃木県のある男子部本部長は〝全国男幹〟への参加を通して、信仰に生きる喜びを感じてもらいたいと訪問・激励に奔走。真心が伝わるように祈り、これまで何度通っても会合に来たことがないメンバーにも笑顔で会いに行った。

放映終了の翌日、一人の部員の母親から感謝の電話をもらった。息子が5年ぶりに会合に参加し、「僕も変わりたい」と勤行・唱題の実践を始めたという。
〝今回も参加は難しいかもしれない。それでも可能性を信じて関わり続ける〟
――諦めない一念が実を結び、彼の胸に熱いものが込み上げた。

小説『新・人間革命』に、草創の同志の奮闘を報告した友に山本伸一が語る場面がある。「真心をもって友の激励に通い、発心することを祈り続ければ、どんな状態にある人も、いつか、必ず立ち上がる時がくるものです」（第29巻「力走」の章）

立ち上がる人材は必ずいる。問われているのは人材を育てる側だ。一人が発心するその時を信じて祈り、真心を尽くそう。自分が境涯を広げた分、人材の花園は大きく広がっていく。

一行の詩が　きみを変えることもある

２０２２・10・27

『動物農場』『一九八四年』などで知られるイギリスの作家ジョージ・オーウェルがある時、生涯に何冊の本を読んだかと問われた。文豪の答えは「８００冊か９００冊」。質問者は数の少なさに驚いたという。

このエピソードを通し、詩人の管啓次郎さんがつづっている。「読む」ことの濃度は人それぞれであり「冊」という単位には意味がない、と。

例えば詩について、管さんは「詩の読書はどれほど断片的でもかまわない。一行が、心を捕らえることもある。一行が、きみを変えることもある」と訴える(『本は読めないものだから心配するな』ちくま文庫)。

書店や図書館に足を運ぶか、あるいは電子書籍(しょせき)やオーディオブックを活用すれば、数え切れないほどの本に出あうことができる。その中から、限られた自分の時間で「何を」「どう」読むか。10冊の本を読むもよし。一方、1冊の本を10回読み、精神の〝血肉〟にする読み方もある。「座右(ざゆう)の書」というが、常(つね)に傍(かたわ)らに置き、読むたびに新しい発見と気づきを得(え)る——そんな本に出あえることは人生の喜びの一つだろう。

きょうから「読書週間」(11月9日まで)。今年の標語(ひょうご)は「この一冊に、ありがとう」。良書に触(ふ)れ、心を豊かにする秋のひとときを。

〝普通の人〟だから信用できる

2022・10・30

インド独立の父・ガンジーは、後世の人々によって神格化されてきたが、そうなることを望んでいなかったはずだ。

布1枚の質素な衣、木のサンダル、歯が抜けたままの表情……。彼の風貌だけを見ても、自らを神秘的に見せるどころか、飾ることに全く無頓着である。

宗教学者の山折哲雄氏は言う。「ガンディーはけっして雲の上にいる聖者ではなく、苦悩する民衆の海の中に飛び込んで生涯を生き抜いた」。だからこそ「雨だれが石を穿つように、少しずつこの世界を変革していくであろうと私は思っ

ている」(『母なるガンディー』潮出版社)

友人が座談会に参加し、感動していた。これまで他の宗教も試したが、現実離れした超人的な存在や特殊な理論をうたい、〝うさんくさい〟と感じて距離を置いてきた。だが、学会は全く違った。失敗や挫折の体験まで赤裸々に語る人がいて、人間味あふれる励ましが、そこかしこで交わされていた。「皆さんが〝普通の人〟だから信用できるし、一緒に頑張りたいと思いました」

御書に「はたらかさず、つくろわず、もとのまま」(新1058・全759)と。互いに、ありのままの姿で切磋琢磨し、人間力を高め合う。この連帯こそ、より良き社会を建設する希望だ。

新しい歴史を〝創る月〟

2022・11・1

稲作に携わって半世紀という農漁光部の壮年。「大ベテランですね」と話しかけると、首を横に振って言った。「いやいや、50年は長い年月でも、言ってみれば米作りを50回しか経験していない」

壮年は続けた。「米の出来栄えは、私の信心の『実証』の一つ。だから毎年、〝わが広布拡大の初陣〟との思いで挑みます」。田植えも稲刈りも農作業をやるべき季節は、毎年やって来る。だが、自然環境や社会情勢が同じ年などない。壮年の心意気が頼もしかった。

「創立の月」11月が始まった。「今年も」ではない。社会環境も広布の活動も昨年、一昨年と同じではないからだ。

池田先生は11月について、新しい歴史を〝創る月〟であり、正義の師子が猛然と〝一人立つ月〟が「創立の月」であると強調し、こう呼びかけた。「『創立の月』は、つねに『今この時』にある。今の瞬間、瞬間を勝ち取ってこそ、次の五十年、百年にわたって崩れぬ、常勝の学会が『創立』されていくからだ！」と。

田んぼで目にするのは、田起こし、田植え、収穫などの作業だが、米作りは種もみを選別するような、真剣勝負の〝陰の仕事〟も多い。一つ一つ、どれも手を抜いては実りの時は来ない。米作りも、自分づくりも。

市民の連帯が核兵器なき時代を開く

2022・11・3

世界で初めての非核兵器地帯条約である「トラテロルコ条約」。ラテンアメリカとカリブ地域の国々が加盟し、域内の核兵器の実験・使用・製造などを禁止している。

同条約は1967年に締結された。しかし、当初は軍事政権下のブラジルや東側陣営のキューバが不参加。対象国となる33カ国が全て締約国となったのは、締結から35年が経過した2002年である。その間、粘り強い交渉が続けられた。

メキシコの国連担当だったガルベス氏は、条約作りの交渉を担った。氏は、中南米において核兵器は「完全な不存在」であるべきだ、と（「毎日新聞」2018年4月21日付）。核兵器廃絶へ向けて、世界は営々と努力を積み重ねてきた。その時計の針を巻き戻す愚行を犯してはならない。

同条約の締結は、南太平洋地域の「ラロトンガ条約」や中央アジアの「セメイ条約」など、各地で非核兵器地帯条約が結ばれる道を開いた。執念と忍耐でつくられた歴史は、それを模範とした新たな歴史を築く礎となる。

国家の思惑が絡む核兵器には、廃絶へ向けて、立ちはだかる壁が大きい。だからこそ、平和を希求する市民の連帯を、足元から広げたい。その地道な行動の積み重ねが、核兵器なき時代を開くと確信して。

記録の集積（しゅうせき）は未来の建設となる

2022・11・8

46・3度——1923年に発生した関東大震災（だいしんさい）後の東京の気温だ。正式な記録ではないが、当時の「中央気象台月報」に記述されている。震災で発生した火災が、台風通過後の強風で急速に燃え広がった。

気象台に火が迫（せま）る中、観測員（かんそくいん）たちは「観測が途絶（とだ）えること」「記録の焼失（しょうしつ）」を防（ふせ）ぐため、観測原簿（げんぼ）を持ち出して延焼（えんしょう）を免（まぬか）れた風力塔（ふうりょくとう）で観測を続けた。その執念（しゅうねん）によって、震災の被害（ひがい）が大きかった地域は、猛烈（もうれつ）な暑さだったという事実が後世に残った。

気象予報士の森田正光氏は、気象関係者の間では「観測の継続こそが最も重要な任務」ということが常識となっている、と述べる（『気象予報士という生き方』）。記録の集積は、過去を現在に伝えるだけでなく、未来の建設にもつながる。

文豪・トルストイは、18歳の頃から生涯、日記を書き続けた。22歳の時には、「日記によって自分自身を判断することはきわめて好都合である」（中村融訳）と記している。彼は日記を読み返しながら、自分の成長を確認し、明日へ出発する誓いにした。

継続は力である。「雨垂れ石を穿つ」と言うように。月々日々にたゆまず祈り、学び、友を励ます。その一日の努力、一人の前進が広宣流布の偉大な叙事詩をつづりゆく。

気候変動対策へ
世界の団結を訴えた国連事務総長

2022・11・10

エジプトで開幕した気候変動対策の国連の会議「COP27」では連日、活発な議論が行われている。7日には会場の一角に設置されたパキスタン政府のパビリオンを、同国のシャリフ首相とグテーレス国連事務総長が訪れた。

パキスタンでは今夏、未曽有の大洪水により国土の3分の1が水没。3300万人が被害を受けた。雨量の増加や氷河の融解に気候変動が影響しているといわれる。こうした〝対応可能な範囲を超える影響〟に見舞われた場合の支援をどうするかが、会議の議題の一つとなっている。

水害によって、同国では今も多くの人々が野外での生活を余儀なくされる。だが、被災した人の中には、他者の救援に奔走している人もいる。この話にグテーレス事務総長は希望を覚えたという。

首脳級会合の冒頭、事務総長は「人類には選択肢がある。協力するか滅びるかだ」と述べ、世界が団結して対応することを訴えた。各地で異常気象等が頻発する今、危機打開を願う人々の思いを結集し、行動を共にしていく――ここに、市民社会の重要な役割もある。

気候変動の解決へ向けて、一刻の猶予も許されない。ＳＧＩの代表も参加している今回の会議が、国際社会の連帯を強める契機となることを願う。

夢を諦めなかったウォルト・ディズニー

2022・11・11

東京創価小学校のおとぎ食堂の前に、創立者の池田先生から同校に贈られたミッキーマウスの人形が飾られている。世界中から愛されるキャラクターの誕生日は「11月18日」だ。

ウォルト・ディズニーが設立した初期の会社は、オズワルドという名のウサギの作品を製作していた。ところが、映画の配給会社と製作費を巡る交渉が決裂。契約は打ち切られた上、スタッフも次々と辞めていった。失意の中、新しいキャラクターを求めて、生まれたのがミッキーマウスだった。

ミッキーのモチーフは、喜劇王・チャップリンだ。ディズニーの幼少の頃からの夢は、「チャップリンになること」。数々の挫折を味わっても、決して挫けず、アニメという形で自身の夢を実現させた（『ディズニーとチャップリン』光文社新書）。

池田先生はかつて、ディズニーの生涯を通して、東西の創価小学校の児童たちに語った。「皆さんの心の中には、将来の〝ディズニーの種子〟があります」「私は、その種子が必ずや芽を出し、大樹と育っていくことを確信しています」

誰もが無限の可能性を持つ。その〝種子〟を発芽させ成長させるのは、地道で粘り強い努力だ。自らが抱く夢の実現へ、きょうも不屈の一歩を刻みたい。

核兵器廃絶のため自分にできることは何か

2022・11・13

世界166カ国・地域の8222都市（11月1日現在）が加盟し、核兵器廃絶を目指すネットワークが「平和首長会議」。その広島総会が先月開催され、元国連事務次長のアンワルル・チョウドリ博士が講演した。

博士は、草の根レベルで対話の場を築き、社会をつなぐ女性の役割に言及。その中で「創価学会の女性平和委員会は何年にもわたって、地域に根差し、『平和の文化』を日本の人々に伝えている。私はこれを高く評価しています」と語った。

今夏、広島の同委員会主催で行われた「被爆体験を聞く会」。登壇した女性部員は8歳の時に被爆し、ガラス片で左足に傷を負った。経済苦で学校に通うことができず、10歳の時から働き始めた。

読み書きができない悔しさを何度も味わった。原爆・戦争が学ぶ機会を奪った。その悲哀に負けずに生きてきた。だが、彼女は自らの被爆体験を、あまり口にしてこなかった。今回、発表を引き受けたのは、緊張が高まる世界情勢の中、核兵器の使用を防がねばならない、との思いからだ。

「平和の文化」は、人間の価値観や生き方の上に築かれる。核兵器廃絶のため、自分にできることは何かを問い、行動していく――女性部員の体験は、その大切さを教えている。

社会を良化(りょうか)する「人間のための宗教」

2022・11・18

米国の哲学者(てつがくしゃ)デューイは、1919年に来日した。教育実態(じったい)を見聞(けんぶん)した彼は、国家を近隣諸国(きんりんしょこく)への軍事的拡張(かくちょう)に駆(か)り立(た)てるような日本の学校教育の風潮(ふうちょう)を嘆(なげ)いた。

反対にデューイは教育を、極端(きょくたん)なナショナリズムなど、戦争をもたらす要因(よういん)を克服(こくふく)する手段(しゅだん)の一つと考えていた。ゆえに日本政府からの叙勲(じょくん)の打診(だしん)にも、それを拒否(きょひ)して抗議(こうぎ)の姿勢(しせい)を示した。

初代会長の牧口先生は、デューイの教育思想を敬愛(けいあい)し、「子どもの幸福」を第一義とする教育を掲げた。治安維持法違反の容疑による先生の検挙理由の一つとして、当時の『特高月報』に教育勅語から「忠誠心」を説く一節を削除するよう主張したことが記されている。

デューイ研究の第一人者であるラリー・ヒックマン博士は賛嘆する。「牧口初代会長のように道徳的勇気に生き、正義に殉じた先人の精神ほど、後世の人々の人生に大きな価値を刻み、影響を残していくものはありません」

創価学会は、牧口先生の『創価教育学体系』発刊の日を創立記念日に定めた。それ自体、我らの信仰が全人格を薫育し、もって社会を良化する「人間のための宗教」であることを示している。身命を賭して、その大道を開いた三代会長に続く誓いを新たにしたい。

戸田先生の〝三つの誇り〟

2022・11・19

今から100年前の1922年11月19日、理論物理学者のアインシュタイン博士が慶應義塾大学の講堂で講演した。ノーベル賞の受賞が決定した直後で、大変な盛況だった。

この講演会に牧口先生と戸田先生も参加し、博士の講義を聴いている。後年、ある会合で戸田先生は「時にあい、時にめぐりあって、その時にかなうということは、生まれてきたかいのあるものであります」と語り、先の講演会の思い出にも言及した。

戸田先生は博士の講演を聴講したことを、生涯における〝三つの誇り〟の一つ目に挙げた。二つ目は、若くして牧口先生と出会い、薫陶を受け、牢獄までお供できたこと。そして三つ目は、今この時に仏法を持ち、広宣流布の使命に生きていることであると述べ、この三つ目こそが何よりの喜びであると結論した。

仏法は「時」を重視する。池田先生は、誰よりも「時を知る」のが仏と強調し、こう語った。「『時』に適った法を説く。これが仏の智慧であり、慈悲です」「『時を知る』とは、人々の『心を知る』ことでもある」

人生の師匠と出会い、世界広布の〝時〟に巡り合う——これ以上の誇りと喜びはない。学会創立100周年を目指し、時を逃さず、尊き使命を全うする日々を。

〝世界中でいちばん美しい花〟

2022・11・23

日本を代表する文化人の加藤周一氏が、エッセーに「世界中でいちばん美しい」と記した花がある。それは、ベトナム反戦運動に参加した女性が武装兵に差し出した「一輪の小さな花」。

その花には、〝身近な人の愛情を大切にしてほしい〟との意味があったと氏は解釈し、こうつづった。「ただ人間の愛する能力を証言するためにのみ差しだされた無名の花の命を、私は常に、かぎりなく美しく感じる」（『小さな花』かもがわ出版）

本紙の取材で、戦争で肉親を失った方々にお会いした。原爆によって3歳の娘を亡くした壮年は、「今も、幼い子どもを見るたびに涙が込み上げる」と語った。夫が特攻兵となり帰らぬ人となった女性は、「空を見ると胸がつぶれそうになるんです。主人の命が散った光景が浮かぶから」と。

一人の戦争犠牲者の周りで、どれほどの人が傷つき、嘆き苦しんできたか。その心の痛みはずっと続いているという事実を、残酷さを決して忘れてはならない。

御聖訓に「いのちと申す物は、一切の財の中に第一の財なり」（新2052・全1596）と。命より大切なものなどあるはずがない。戦争も核兵器もテロを巡る問題も、この大原則から全ての議論を始めるべきである。

ナチスの非道を伝えるモニュメント

２０２２・11・30

ドイツの町々には「ストルパーシュタイン」（つまずきの石）という数万ものモニュメントがある。真鍮製のプレートが道に埋め込まれ、「ここに住んでいたのは」という言葉に続いて、氏名や生年月日などが刻まれている。

名前が刻まれた人々は、ナチスのホロコースト（大虐殺）により、犠牲となった方々である。一人の芸術家が考案した取り組みは、ドイツ国内だけでなく国外にも広がった。モニュメントは、ナチスの非道を今に伝えている。

ナチスの強制収容所「ヴァルドルフ分所」の遺構から程近い場所に、２０１５

年、フランクフルト池田平和文化会館がオープン。開館を記念し、強制収容所の遺構を発掘・所有する財団が、ドイツSGIにヴァルドルフ分所から見つかったコップの破片を贈った。

遺品は、会館のロビーに展示。「人々が思い出すなら、希望はそこにある」との一文が添えられた。人間は過去を忘れる時、同じ過ちを繰り返す。歴史を学ぶことは、人間の心から〝暴力の芽〟を摘み取る契機になる。

財団が遺品を寄贈したのは、池田先生の平和貢献と、牧口先生、戸田先生が日本の軍国主義と戦った史実に感銘を受けたからという。創価三代の平和闘争に、私たちも堂々と続きたい。

苦難に立ち向かう姿は
他者を励ます力に

2022・12・9

原発避難者の美術展を訪れた。会場には感想ノートが置かれており、その中の文章の一つに目が留まった。

「作品から感じたのは『花が開くような湧き上がる強い力』。生命が奥底から空に向かって放つ、力強い生きるエネルギー。作者はどれだけ『頑張ろう』と、心に言い聞かせてきたのだろう。日常を失ったつらさや悲しみをひっくり返し、強いエネルギーに変えた思いを感じました」

同じ作品を見ても、感じ方が自分とこれほど違う。名も知らぬ方の豊かな感性に学び、改めて作品を鑑賞した。

美術展を開いた原発避難者が語っていた。11年前、原発事故が起こり、古里を離れて避難生活が始まった時、「信心しているのになぜ？」と悩んだという。先輩に指導を求め、御本尊にひたすら祈ると、「悩むために避難所に来たのではない。悩みを乗り越え、同じように悩む方に希望を送るために来たのだ」と確信できた、と。

「幸」の字の中に「辛」があるのは、辛いということを心の中にしっかりと持って生きていくことでもある――こう言った詩人がいた。誰しも苦難はある。だが仏法の英知から見れば、苦難は人生を深める糧となり、苦難に立ち向かう姿は他者を励ます力になる。負けない人生でありたい。

寒さが厳しいほど和紙は良質になる

2022・12・13

鹿児島の伝統的工芸品である「鶴田和紙」の紙すき作業が本格化している。昔から手もみ茶をつくる際の茶取り紙として使用され、今も高級茶づくりに欠かせない。

和紙の原料となるカジノキの繊維やトロロアオイの根から取った「ねり」は熱に弱い。だから紙すき作業は冬が向いていて、寒くなるほど良い和紙ができるという。

日蓮大聖人は、門下へのお手紙に「佐渡国は紙候わぬ上」（新1291・全

961）と記された。当時、紙は貴重品であった。佐渡の地で著された「観心本尊抄」の御真筆が、17枚の和紙の表裏両面に認められていることからも、それがうかがえる。

先のお手紙で大聖人は、権力者と結託して自身を陥れようとする諸宗の僧たちを「畜生の心は、弱きをおどし、強きをおそる。当世の学者等は畜生のごとし」（新1285・全957）と喝破され、「師子王のごとくなる心をもてる者、必ず仏になるべし」（新1286・全957）と叫ばれた。敵がいるからこそ強くなれる。大難の時に師子王の心で戦い抜けば必ず仏になれる、と。

人生に苦労や困難はつきものだ。大事なのは心が負けないこと。厳しい冬ほど良質になる和紙のように、試練の中で心を鍛え、粘り強く挑戦を重ねたい。

手紙は〝自分に残された最も美しい記念品〟

2022・12・15

封筒には、ペン字で埋め尽くされた便箋が7枚入っていた。1973年6月、本紙の記者が書いた手紙。「私にとっては大事な宝物。大切に保管し、時々、読み返しています」と、今年、喜寿の女性は言う。

当時、本紙に「質問箱」という人気コーナーがあった。読者から寄せられた質問に答えるもの。例えば「入会4年になるが歓喜を覚えない」と嘆く友には「目標を定め挑戦していく信心を」と、「転職すべきかどうか迷う」メンバーには「仕事の実情を熟知して選択を」とアドバイスしている。

冒頭の女性は、乳飲み子を抱えながら一家和楽の信心を貫く方法を尋ねた。「質問箱」を担当する記者は〝紙面より手紙で答えた方がいい〟と判断。読者の境遇に思いをはせ、環境に左右されない自己を確立する大切さ、何でも相談できる良い先輩を持つことなどを訴えた。

約50年前、手紙を受け取った女性は人間革命の大道を歩み、今、福徳輝く境涯に。乳飲み子は青年部のリーダーを経て壮年部の第一線で活躍する。女性の孫に当たる、壮年の子どもたちは創価学園で英知を磨く。

真心は必ず相手の心に届く。文豪ゲーテは親友からの手紙を〝自分に残された最も美しい記念品〟として大切にした。友を思う心を紡ぎたい。

人生そのものが〝風〟との戦い

2022・12・20

今月14日の山梨・精進湖。日の暮れた水際に、びっしりと車と三脚が並び、人々が富士山にカメラを向けて「その時」を待っていた。「ふたご座流星群」の極大日である。

午後7時を回ると、少しずつ流星が流れ始めた。が、あいにくの風で湖面にさざ波が立ち、「逆さ富士」にならない。10時には、暗い流星をかき消すほどの明るい月が山の端から現れた。撮影を切り上げた車が一台また一台と去っていく。

人影もまばらとなった11時過ぎ、風がぴたりとやんだ。辛抱強くシャッターを切り続けた同僚のカメラには、湖面にまで流星と富士がくっきり写っている（16日付「聖教電子版」で紹介）。御書の「水すめば月うつる」（新2135・全1262）の一節を思い起こした。

人生そのものが〝風〟との戦いかもしれない。不安に駆られる日もある。うまくいかず落ち込むこともある。心ない批判や中傷もあるだろう。心に波が立つと、自分を見失いかねない。

「みなの御心は水のごとし、信のよわきはにごるがごとし、信心のいさぎよきはすめるがごとし」（同）。どんな風が吹こうとも、それにどう向き合うかは、自分で決められる。「大丈夫だ」「きっとできる」、そんな潔い心で、きょうも風に向かって歩こう。

経験は全て人生の糧に——「だから失敗こそ宝物です」

2022・12・21

アルゼンチンの優勝で熱狂の幕を閉じたサッカーW杯。日本の躍進も世界に感動を与えた。注目された一つが森保監督の采配だ。1次リーグで日本はコスタリカに惜敗。強豪ドイツを撃破した勢いを失い、一転の批判の中、監督は会見で語った。「良くなかったことであれ、全て過去のことは、ポジティブ変換する」。そして「過去を生かす」と。

続くスペイン戦では後半から次々と選手を交代。采配が当たって逆転勝ちし、日本は2大会連続でベスト16に進出した。過去に起きた事実は変えられないが、その意味は変えられる。これは人生も同じだ。

ある女性部員は、美容師として失敗続きだった19歳の時に入会。だが結婚を機に、学会活動から遠ざかった。後年、夫と離婚。再起を期す彼女に同志は言った。「つらい経験も人生の糧にできるのが信心なのよ」

発心した彼女が今、地区女性部長として実践するのが〝断られ賞〟を贈ること。広布拡大に挑戦したが〝実らなかった人〟の勇気を皆でたたえ、失敗談を共有する。それが地区の絆を強め、新たな拡大を生んでいるという。

仏法は「因果倶時」。現在の一念が過去を意味あるものにし、未来を決める。彼女は語ってくれた。「だから失敗こそ宝物です」

親が子に贈る最高の宝とは

2022・12・25

父親が亡くなった時、青年部員は母親のおなかの中にいた。そのため実際に父と会ったことも、生活したこともない。それでも彼は語る。「真面目に信心を貫いた父を尊敬しています」

実は、彼の父親とかつて青年部時代を共にした同志らが「君のお父さんは……」と、いつも彼に語っていた。広布拡大における活躍ぶり、同志を思う慈愛の深さなど、数々のエピソードを――。

池田先生が南アフリカ共和国の詩人・ムチャーリ氏を迎え、会談した時のこと。会場には心尽くしの生け花が飾られていた。先生は、氏の亡き父母の美しい生涯をしのんで生けたものである旨を伝えた。氏は「両親が今ここに見守っていてくれる気がします」と感謝し、会見は進んだ。

その中で、氏はしみじみと語った。「母が亡くなって、私は気づいたのです。私のもっている力は、母がくれたもの、母が残してくれたものだと。母の言葉は私の中に息づいています」

親が子に贈る最高の宝は尊い生き方であり、気高い人格である。そこに宿る信念を子どもたちは継承していく。師匠と共に、学会と共に生きた誇りと喜びを子や孫に、創価後継の友に厳然と伝えていきたい。これは全生命をかけて信仰を貫いた人間の権利である。

試練の闇の中でこそ　輝き光れ

2022・12・26

沖縄には、青い空と海以外にも魅力がある。それは夜空を彩る星だ。海風で空気が澄む琉球諸島では、月のない晴れた夜なら流れ星や天の川が見られる。八重山諸島の西表石垣国立公園は、国際的機関から認定された日本初の星空保護区。88個ある星座のうち84個まで観測でき、本土では見えない南十字星も姿を現す。見頃は空気の透明度が高い冬の時季だという。

南半球の星座で最も美しいとされる南十字星は、ガスや塵が集まる暗黒星雲の領域に位置し、暗い背景がその輝きを際立たせる。また、物質の密度が高い部分では新しい星が作られる。星の光は暗黒の中から生まれるのだ。

この南十字星の意義を通して、ブラジルの天文学者モウラン博士は「私たちも、置かれた状況が暗ければ暗いほど、また、辛ければ辛いほど、より輝かなければなりません」と語った。人間の体は星と同じ物質で構成される。ならば生命も、磨くほどに試練の闇の中で輝き光るに違いない。

御書に「太陽も月も、たくさんの星々も、わが心にある」（新1947・全1473、趣意）と。コロナ禍や不安定な世界情勢など「危機の時代」が続く。だからこそ誓願の祈りで心を照らし晴らし、「飛躍」から「凱歌」の明年へ進みたい。

57人の絆を力に

2022・12・28

箱根駅伝の号砲が鳴る「1月2日」まであと5日。あす29日には出場する全21チームの区間エントリーが発表される。当日のメンバー変更も見据えつつ、ここから各大学の士気はさらに高まる。

出走できるのは10人。表舞台に立つ人の陰には、サポートに回る多くの選手がいる。彼らが担うのは、走者の付き添い、給水、沿道でタイム差を知らせる係など裏方としての役割だ。

その中には最後の箱根を迎える4年生もいる。〝学生駅伝の聖地〟を目指し、どれほどの努力を重ねてきたことか。青春の夢はかなわなくとも、仲間と切磋琢磨した日々は必ず、生涯の財産となるに違いない。「みのりゆたかな友人と共に暮せば、この人生は二倍にも十倍にもなる」（小泉一郎訳）とは、哲人エマソンの言葉。

「駅伝部は選手、スタッフ、マネジャー合わせて57人。応援してくださる皆さんと一緒に戦います」。先日の箱根駅伝壮行会で創価大学の緒方主将が語っていた。創大が使用するタスキには、チーム全員の名前が記されている。全国からの応援を背に、57人の絆を力に、団結のタスキリレーに期待したい。

コロナ禍の応援マナーを守り、皆で〝心のエール〟を送ろう。創大生の力走と共に、晴れやかな一年の出発を！

勝利の原点となった大晦日の励まし

2022・12・29

ある年の大晦日のこと。壮年がNHK紅白歌合戦を見ていると、電話が鳴った。地域の友が「相談したいことがあるんです」と。壮年は急いで友のもとに向かった。

「先日、解雇を告げられました。来年からどうすれば……」。不安に押しつぶされそうな友と一緒に、壮年は御本尊の前へ。唱題を終え、「今こそ信心で立ち上がる時です。一緒に勝利しましょう」と励ました。

友は不動産関連の会社に勤務し、高収入でプライドも高く、地道な学会活動をどこか下に見ていた。そんな自分を猛省し、信心ではい上がると決めた。畑違いの鋳物工場に再就職し、時間を見つけては対話拡大に挑戦。やがて経済的苦境を乗り越えた。

「大晦日なのに、あの日、心配して駆け付けてくれ、信心の大切さを気付かせてくれた、あなたのおかげです」。友のこの感謝の言葉が、壮年には忘れられない。今も、悩んでいる同志がいると聞けばじっくり話を聞き、「一緒に信心で勝利しましょう」と訴える。励ました人が宿命転換する以上の喜びはない——それが壮年の確信だ。

さあ、新たな決意で、新たな年へ！　同志と共に試練の山を登り、苦難の波を越えて広布と人生の勝ち鬨を轟かせる明「青年・凱歌の年」としたい。

第4章

2023年1月〜3月

1月　2日　池田先生、男子部第1部隊長就任70周年
2月 11日　小説『人間革命』完結30周年
3月 16日　「広宣流布記念の日」65周年

1月 27日　新型コロナウイルス感染症を「5類」に移行する方針＝政府が決定　※5月8日から5類感染症に移行
2月　6日　トルコ・シリアでM7.8の大地震
2月 23日　ウクライナの平和実現を＝侵攻1年となる24日を控え、国連総会で決議
3月 17日　車いすテニスの国枝慎吾さんに国民栄誉賞（パラスポーツ界初）
3月 19日　将棋・藤井聡太氏、最年少六冠（棋聖、王位、叡王、竜王、王将、棋王）を達成　※獲得順
※藤井氏は6月1日、「名人」を獲得し、七冠を達成した（史上2人目、20歳10カ月の達成は最年少記録）
3月 21日　野球のWBC、日本代表（侍ジャパン）が世界一に

「元日や　戦う途に　華ぞ咲け」

2023・1・1

歌人・斎藤茂吉に有名な新年の歌がある。「新しき年のはじめにおもふことひとつ心につとめて行かな」

心に抱いた一つの思いを貫いて、この一年を進んでいこうとの意だ。新春に詠む句や歌を「新年詠」という。正月を寿ぐ歌は、現存する日本最古の歌集「万葉集」にも。凛とした元日の空気に触れて感慨や願いを抱く心情は、古今に変わらぬものだろう。

70年前の1953年1月1日、池田先生は決意の句を日記に記した。「元日

や　戦う途に　華ぞ咲け」。翌日に男子部第1部隊長の任命を控えた日である。6日の就任式では三国志の英傑・諸葛孔明の苦衷を歌った「星落秋風五丈原」の指揮を執った。恩師・戸田先生の願業である75万世帯の弘教へ、一人立つ青年の誓いを託して――。

孔明は大業の半ばに倒れた。だが〝五丈原の歌〟に幾たびも涙した戸田先生は、生涯の願業を達成した。師と同じ心で戦う不二の弟子がいたからだ。58年3月16日の広宣流布記念式典で響き渡った〝五丈原〟は、「師弟の凱歌」でもあった。

「戸田先生には、私がいた。そして今、私には、新しき弟子の歴史を創りゆく、幾百万の正義の青年がいる！」と池田先生。師と共に〝青年の凱歌〟を轟かせ、この一年を勝ち進もう。

先輩から後輩へ 未来へと続く〝心のリレー〟

2023・1・6

タスキをつないだのは、2日間の217・1キロ。だが〝心のリレー〟は1年後、そして未来へと続いていく。第99回箱根駅伝で総合8位に入り、4年連続でシード権を獲得した創価大学。快挙を支えたのは、就任4年目の榎木和貴監督と〝伴走〟してきた4年生の底力だった。

10区間のうち6人が4年生で、その全員が一桁の区間順位。緒方貴典主将は「最後の学年ミーティングで4年生の思いを聞き、走れない彼らの分も走っていこうと思いました」と。けがなどを乗り越え、必死に前を追う力走が、見る者の心を揺さぶった。

大学の体育会と聞けば、厳しい上下関係を想像しがちだが、創大駅伝部では同期の〝横のつながり〟とともに〝縦の団結〟も大切にする。各学年1～2人ずつによる〝縦割り班〟があり、寮内の仕事や掃除などを班ごとに行う。全員が三大駅伝上位校を目指すチームの主役、との自覚を育むためだ。

レースでは往路も復路も、4年生からタスキを受けた1年生がゴールテープを切った。先輩から後輩へ、努力の伝統が託されているようにも思えた。

喜びも悔しさも、振り返ればかけがえのない青春の一ページ。出場した210人の全走者に喝采を送りつつ、わが凱歌への力走を開始したい。

「八互原則」――周総理夫妻からのアドバイス

2023・1・7

年明けに、ある少女部員からうれしい報告をもらった。年末年始に父親が単身赴任先から戻り、親子で楽しく過ごせたとのこと。両親が「結婚後、初めて離れて生活し、相手の存在の大きさがとてもよく分かった」と語り合っていたと教えてくれた。

少女は満面の笑みで話を続ける。「何か、お父さんとお母さん、前よりもずっと仲良くなって……」。聞いているこちらも幸せのお裾分けを頂いたように感じ、心が温かくなった。

中国の周恩来総理と鄧穎超夫人が、新婚の夫婦へのアドバイスとしてまとめた「八互原則」（八つの互いの取り決め）がある。①互愛（〈互いに〉愛し合う）②互敬（尊敬し合う）③互勉（励まし合う）④互慰（慰め合う）⑤互譲（譲り合う）⑥互諒（諒解し、許し合う）⑦互助（助け合う）⑧互学（学び合う）である。

鄧夫人いわく、経験上、最も難しいのは⑤と⑥だという（西園寺一晃著『鄧穎超』潮出版社）。「私は正しい。悪いのは相手だ」と我を張り合うことで双方が傷付き、不幸になることを思えば、その通りであろう。

「互い」と同じく「たがい」と読む言葉に「違い」がある。互いの違いを認め、敬い、生かし合い、そして団結すれば、人生は充実する。それは夫婦の間に限らない。

原点がある人は心一つで無限に成長できる

2023・1・8

実業家の松下幸之助氏が松下電気器具製作所を創業したのは、大正7年のこと。当時の大阪市北区にあった2階建ての借家の1階を作業場にした。従業員は氏を含めて3人。設備は小型プレス機2台だけという出発だった。

経営は順風満帆ではなかった。世界恐慌による深刻な不況の影響を受けた。戦後もGHQから「松下は財閥」と判断され、解体の対象となる。そうした危機を幾度も乗り越え、昭和53年、松下電器は創業60周年を迎えた。

同年1月、氏は経営方針発表会に出席。「60年というと、個人であれば、〝還歴〟とか〝本卦がえり〟ということで、また元へ返って1からやり直すという習わしがある」と述べ、会社全体でもう一度、創業の原点に立ち返り、再出発することを呼びかけた。

昭和63年1月、池田先生は還暦を迎えた。先生と交流を重ねてきた氏は、祝詞を届けた。「本日を機に、いよいよ真のご活躍をお始めになられる時機到来とお考えになって頂き、もうひとつ『創価学会』をお作りになられる位の心意気で」と。

原点がある人は、心一つで無限に成長できる。苦難の暗闇も、勇気の輝きで照らすことができる。さあ、本年を颯爽と走り出そう。人間革命と地域広布の好機到来と決めて!

「文字の力」で縁する人に活力を

２０２３・１・１２

「私はかねてから、この国を訪れたいという思いに身を焦がしていたのである」（石井和子訳）。１８６５年６月、世界を旅していた考古学者のシュリーマンは北京、上海を経て、日本に到着。待望の訪日だったと日記に記した。

約１カ月の日本滞在は、彼にさまざまな気付きを与えた。日本の教育が、欧州の文明国家以上に行き渡り、識字率が高いことに驚く一方で、そのことが民衆の精神の発達につながっていないことを指摘している。

その理由について、「民衆の自由な活力を妨げ、むしろ抹殺する封建体制の抑圧的な傾向」を挙げた。当時の日本社会は密告が横行し、それが幕府を支える機能ともなっていた。そのため、人々の間には「不信感」「嘘」がはびこっていた（『シュリーマン旅行記　清国・日本』講談社学術文庫）。

御聖訓に「文字はこれ一切衆生の心法の顕れたる質なり」（新772・全380）と。文字は人間の心を表す。文字は、使う人の心いかんで、人間に生きる勇気を与える力にもなれば、社会を混乱に陥れる〝凶器〟にもなる。

私たちの戦いは、「文字の力」で縁する人に活力を送り続けること。物価高騰など、不安が渦巻く時代だからこそ、希望の言葉を紡ぐ日々でありたい。

〝ここに自分の使命がある〟と決める

2023・1・14

都内のホテルで働いていた男性の夢は、海外で一流のホテルマンになること。24歳で信心を始めた数年後、オランダで勤務(きんむ)しないかとの話がきた。ところが、渡航(とこう)して働き始めて一年もたたないうちに、業務上のミスをきっかけに上司と衝突(しょうとつ)。ホテルを去(さ)ることになった。

失業と池田先生の同国訪問(ほうもん)が重なった。懇談(こんだん)の折(おり)、先生は「大変だったね」と男性を包み込(こ)むように励(はげ)ました。「君は使命があって、このオランダに来たんだから、頑張(がんば)り通してみることだ」と。

師の真心に触れ、男性は〝どんな仕事をしてでも、オランダの広宣流布に生き抜く〟と誓った。その後、大手航空会社に就職。失業から21年後には、ホテルをオープンし、青年時代の夢をかなえた。霊山へ旅立つまで、オランダ中を歩き、信心の喜びを語り抜いた。

〝ここに自分の使命がある〟と心を決める。そこから人生は勝利への回転を始める。広布開拓のドラマが動き始める。この「一人立つ精神」こそ、広布と人生を開く原動力である。

いつか、どこかではなく、今ここで、わが勝利の劇をつづる。その決意で、目下の課題に向かおう。御義口伝に「ここを去ってかしこに行くにはあらざるなり」（新1086・全781）と仰せである。

信心とは「新たな自分」を築く
弛みない挑戦

2023・1・15

「創価学会に巡り合えて本当にうれしい。もっと若い頃から信心をしておけば良かったとも思いますが、これから頑張ります」。懇談の折、入会3年目の壮年部員が話した言葉が印象的だった。

壮年は52歳。コロナ禍の中で入会し、勤行・唱題や会合への参加など、真面目に学会活動に取り組んできた。昨年は教学研さんにも励み、任用試験に合格。「仕事や家族との人間関係の好転など、功徳を実感しています」と語る。困難や宿命と戦う中で信心を始めたからこそ、喜びも大きいのだろう。

初代会長・牧口先生が入信したのは57歳の時。「言語に絶する歓喜を以て殆ど六十年の生活法を一新するに至った」と感動を記している。59歳で『創価教育学体系』を著し、発刊の日が学会の創立記念日となった。

50代からの牧口先生の歩みを思う時、信心とは「新たな自分」を築く弛みない挑戦だと感じる。過去や年齢は関係ない。「これまで」ではなく、「これから」何をなすかが重要なのだ。

池田先生は「明日へ、未来へと、命ある限り法を求め、自分を磨き、鍛え、挑戦していく。それが、仏法者の生き方である」と。希望に燃えて進む人は若々しい。わが生命を一新する決意で、新たな登攀を開始したい。

2023・1〜3

人類は核兵器と断じて共存できない

2023・1・17

10カ国から22人の科学者が集い、「核兵器の管理」等に関して意見を交わした1957年の第1回「パグウォッシュ会議」。そこには、欧米の〝西側〟だけでなく、ソ連（当時）など〝東側〟の科学者もいた。

連日、白熱の議論が続いた。冷戦の緊張関係が影響し、感情的な対立が生じてしまう恐れもあった。だが、そうした状況に陥ることなく、対話の継続に全員が同意して、幕を閉じた。

参加者の一人、物理学者の朝永振一郎博士は、会議の意義をこう述べている。

「西と東の科学者が話合うことができるという確信が得られたことである。率直にかつ友好的に話合えば、信条が異なっていても一致点を見出し得る」（『朝永振一郎著作集5』みすず書房）

核兵器はいつの時代も「相互不信」と「恐怖の均衡」の上に存在する。その本質は、戸田先生が喝破した通り、人間精神の悪魔的産物にほかならない。粘り強く不信の壁を壊す対話から、核兵器廃絶への道は開かれる。

池田先生は11日の緊急提言で、同会議の会長・ロートブラット博士との語らいに触れつつ、核保有国が「核兵器の先制不使用」の誓約を確立するよう訴えた。速やかに、真摯な対話が開始されることを強く望む。人類は核兵器と断じて共存できない。

神格化との戦い――
師を敬うからこそ　師を継ぐ行動を

2023・1・18

ドイツ文学の最高峰の頂がゲーテであることは、多くの人が認めるだろう。オーストリアの作家ローベルト・ムージルは、ゲーテの存在によって、ドイツ小説は、他国と比較すると発展が半世紀は遅れた、と論じた。どういうことか。ゲーテの作品はいずれも傑作で、凌駕することは難しかった。そのため後世の作家は早々に向上心を失い、それなりの小説を書くことで満足してしまった――それがムージルの指摘である。

「尊敬」と「敬遠」は紙一重。師と仰ぐ存在に敬意を抱くあまり、肉薄しようとするより、自分は到底及ばないと、敬して遠ざけてしまう。そうした〝神格化〟が、思想精神の形骸化を招いた歴史は多い。インド仏教もそうであった。

米国のモアハウス大学・キング国際チャペルのカーター所長は、ガンジーとM・L・キングの非暴力の闘争を継ぐことを、わが使命とした。二人が少しずつ神格化され、人々が〝自分には非暴力は関係ない〟と思うことに懸念を抱いた。その時に出あったのが、師を継いで平和の非暴力運動を貫く池田先生の行動だった。

敬うからこそ、連なる行動を起こす――その挑戦ありて、偉大な精神はよみがえり、生き生きと脈動する。忘れてはならない学会精神である。

勝利の原点となった学友との絆

2023・1・23

『論語』の一節に「文を以て友を会し、友を以て仁を輔く」とある。学問によって友人を集め、その友人によって自分の人格の成長を助けていく、との意だ。

石川県で旅館業に従事する男子部員。希望を抱いて入った職場だったが、忙しさを理由に転職を考えるようになった。そんな時、創価大学時代の学友と電話で話す機会が。昔話に花を咲かせるうち、ふとある思い出が心に浮かんだ。

それは大学4年の6月、キャンパスで結んだ創立者・池田先生との出会いだ。

当時、就職活動の壁に直面していた彼は、車中から学生を励ます先生の姿と真心に奮起。苦闘の末、現在の職場の内定を勝ち取った。

原点に立ち返ると心が晴れ、今の仕事で勝利しようと力が湧いた。多忙に負けず努力と挑戦を続ける中、経営戦略を担う中核部署で新たなプロジェクトを任されるように。〝社会で創価教育の実証を〟と誓い、共に向学の青春を駆けた友人が、再び使命の道を歩み出すきっかけとなった。

御書に「大風ふき候えども、つよきすけをかいぬればたおれず」（新1940・全1468）と。試練の嵐が吹いても、強い助けがあれば倒れない。そんな支えがある人生は幸福だ。自らも誰かを支える善き友でありたい。

〝悩みを栄養に変える青春の力〟
――『完本　若き日の読書』を読む

2023・1・29

「創立者は私たちとかけ離れた存在ではなく、私たちと同じように悩みを抱え、苦しみながらもいかに生きるかを模索していた一青年であったのだと気が付きました」（文学部、4年）。創価大学の授業「創立者の若き日の読書に学ぶ」に参加した学生の声だ。

担当教員の一人には苦い記憶がある。数年前、別の授業で創価教育の父・牧口常三郎先生の生涯を語った。教育改革から宗教改革へ。戦争、そして獄死――講義の後、一通の学生のアンケートに落胆した。〝波瀾万丈の人生。私には縁がない〟

どう語ればいいのか。学び直した。「北海道で力を磨き、一つの出会いから次の出会いにつなぎ、活躍の場を広げていった一青年」の軌跡を見いだした。

翌年の授業で「試行錯誤し続ける牧口先生」の人間像を語った。アンケートから〝私には縁がない〟という声が消えた。「千人の学生がいたら、千通りの語り方があるはず。新しい語り方を、考えて考えて考え続ける日々です」と教員は語る。

今月発刊された池田先生の『完本　若き日の読書』（第三文明社）が好評だ。巻末の「読書ノート」を含め、池田青年が試行錯誤し続けた記録である。ページに刻まれた〝悩みを栄養に変える青春の力〟に共感が広がっている。

2023・1～3

師弟に生きる誉れ

2023・1・31

20年前の1月、米国の仏教研究家クラーク・ストランド氏は、1枚の写真に出あった。戸田先生が獄中で使用した、牛乳びんのフタで作られた「数珠」。氏は感動し、美しいとさえ感じたという。

写真を見た1カ月後、氏は仏教誌に原稿を寄せた。「信念を曲げるくらいなら牢獄に行くほうを選び、やがて戦争へ向かっていく過激な愛国主義に同調せず、あえて孤立することを選ぶ人の心には、どんな思いがあるのだろうか」（今井真理子訳）

この問いに、「信順」との言葉が浮かんだ。〝教えに基づいて生きる〟との意味だ。池田先生は「信順」に徹することに「師弟の道」の成就があり、「末法万年尽未来際の広宣流布を開いていくことができる」と。

戸田先生は獄中で、共に投獄された牧口先生を思い、唱題を重ねた。その獄中で、「仏とは生命なり」「我、地涌の菩薩なり」との悟達を得た。出獄後、先師への感謝をこう述べた。「あなたの慈悲の広大無辺は、私を牢獄まで連れて行ってくださいました」

戸田先生は獄舎にあっても、師を信じ、師に順じようとした。恩師と不二の池田先生によって、私たちは師弟に生きる誉れを知ることができた。師恩に報いる。この心こそ、自身の壁を破る力である。

福徳の種をまく

2023・2・2

あすは「節分」。親が鬼役となり、子どもが豆まきをする家庭もあるだろう。元々、節分には〝季節の分かれ目〟との意味があり、新しい季節の到来を喜び、無病息災を願った。

初代会長の牧口先生は、不幸をもたらすものを排除し、幸福につながる因と縁を大切にする生活を「『鬼は外、福は内』の生活」と表現している。それをどのようにして「現在および未来に保証していくかが、仏教究極の正意なのである」と述べ、私たちの信仰は「最大価値の生活を送るため」と強調した。

大阪市のある女性部員は11年前、次男を事故で亡くした。さらに、夫も病で失う。家にいると寂しさばかりが募った。ある日、学会の同志に誘われ、グラウンドゴルフを始める。回数を重ねるごとに、新たな友人ができた。その人たちとの交流を通し、女性は元気を取り戻していった。

〝皆さん、本当にありがとう〟――女性は感謝の思いで仲間の健康・幸福を真剣に祈った。その心は周囲にも伝わり、ますます絆は強くなった。彼女は「かつての自分がうそのように、今では毎日が充実しています」と。

自分を支えてくれる人に感謝し、真心を尽くしていく。結んだ縁を大切に育む行動が福徳の種をまき、わが人生の春を呼ぶ。

感謝を忘れない人生

２０２３・２・８

　高知・土佐清水出身のジョン万次郎こと中浜万次郎は、アメリカから帰国する際、半年余り、琉球に滞在している。当時の日本は鎖国中で、帰国には命の危険もあった。

　滞在先は那覇の外れの翁長村（現在の沖縄・豊見城市内）。役人の監視はあったが、万次郎らは食事や着物を与えられるなど丁重なもてなしを受けた。なぜか。

　さかのぼること１４０年以上前、琉球船が暴風雨で土佐清水に漂着。土佐の人たちは５カ月間、琉球船員を手厚く保護したという。先の〝もてなし〟は万次郎の出身地を知った琉球国王の指示だった。

初代会長・牧口先生は『人生地理学』の緒論で、自身の経験を通して述べている。子が生まれて母乳を得られなかった時、スイス産の乳製品によって栄養をとることができた。スイスの山麓で働く牧童に感謝しなければいけない、と。恩を感じるとは、自分と他者とのつながりを、より深く捉える生き方ともいえる。そこから謙虚さも思いやりも生まれる。

恩を知り、恩に報いようとする人の心は、距離も時間も超えて広がっていく。

「知恩・報恩の一念に立った時、人間は最も気高く、最も強くなれる」とは、池田先生の言葉。感謝を忘れない人生を貫き、わが境涯を大きく開きたい。

2023・1〜3

トルコ大地震——被災者の無事安穏を祈る

２０２３・２・９

かつて、東日本大震災の被災地を取材中、仮設住宅のそばで巨大な塔を見た。これは１９２１年、現在の福島県南相馬市内に建造された「原町無線塔」を後世に伝えるためのモニュメントである。

実際の無線塔が完成した2年後に関東大震災が起きた。当時、ラジオ放送はなかった。発災当日の夜、被害の第一報をアメリカに発信したのが、この無線塔だった。そこから欧米諸国に伝わり、世界中から救援の手が日本に届いた。

この大震災から5日後、海外の新聞に１本のコラムが掲載された。筆者はチェコのジャーナリストであるカレル・チャペック。1世紀も前の通信状況を考えると、その発信は驚異的な早さといえよう。

彼は力の限り、筆で訴える。大地震が襲った日本とは何千マイルという距離があるが、「私たちの心の届く範囲にあります」と。さらに「日本で地面が震動したその瞬間、他の民族の足下の地面は震動しなかったとしても、私たちの地球は震動して、ひびが入ったのです」（田才益夫訳）と力説した。

トルコ南部を震源とする大地震発生から4日目。必死の救援活動が行われる中、甚大な被害が拡大し続ける報道に胸が痛む。他国・他民族ではなく、わが世界・人類のことと捉え、祈っている。

「後生畏るべし」

2023・2・12

政治評論家の森田実氏が7日に亡くなった。享年90歳。心よりご冥福をお祈りしたい。

本紙にもたびたび登場いただいた。10年ほど前、氏の事務所で取材した時のこと。デスク周辺には数百冊の本が積み上げられ、本棚にも数千冊の本が並んでいた。「若者と政治」をテーマにインタビューを進める中、氏は有名な『論語』の一節を口にした。

それは孔子が自身の人生を振り返った言葉。「15歳で学問を志し、30歳で立ち上がり、40歳で迷いがなくなり、50歳で天命を知り、60歳で他人の意見が自然と耳に入るようになり、70歳で自分の心に従って行動しても規範を踏み外すことはなくなった」

氏は続けた。「孔子は70代で亡くなるのですが、私は今、80歳にして、『若者の役に立ちたい！』。こういう心境なのです」と。その後の氏は未来ある若者のため、「大衆と共に」を信条に、時勢におもねらない言論を貫いたように思えてならない。

取材の折、氏は同じく『論語』から「後生畏るべし」の言葉も送ってくれた。後輩の世代には無限の可能性がある。青年は自分を信じ、失敗を恐れずに挑戦する。大人は青年が可能性を開くチャンスを与える——との意だ。青年を守り、青年の心で前進し続ける人でありたいと誓う。

原爆孤児の叫び――「父母の声が聞きたい」

2023・2・15

被爆後、教員だった斗桝正氏は肉親を失った原爆孤児らと生活を共にした。「孤児とともに」という手記が広島平和記念資料館にある。「彼等に『どんな時が一番楽しいか。』と、尋ねた。その答の中に『夢でお父さん、お母さんを見るとき。』と、言うのがあった」「父母の声が聞きたい、また、聞き得る世界に彼等が行くことが出来たら、どんなに幸福なことかわからない」。そこには、死者約14万人という数字とはまた別の、残された者の不条理な現実が記されていた。

同館は4年前に改修され、遺品などの実物資料を数多く展示する。志賀賢治前館長は「あの日を被爆者の視点で再現することを目指しました」と。原爆を〝威力〟でなく〝人間的悲惨〟という観点で伝えることを展示の到達目標にしたという（『広島平和記念資料館は問いかける』岩波書店）。

池田先生は、全てを一瞬で無にする「核攻撃の不条理性」に目を向け、40回もの「SGIの日」記念提言などを通し、核兵器廃絶を訴えてきた。その幾多の提案が、さまざまな形で具現化している。

一切は人間から始まり、人間に帰着する。身近な人を大切に、縁する友人・知人と絆を結ぶ。師が示した平和への直道を真っすぐに進みたい。

「手書き」は頭の健康法

2023・2・16

今年89歳になった、大学時代の恩師を訪ねた。腰が少し悪いものの、健康そのもの。特に頭脳の明晰さに驚嘆した。秘訣を聞くと、「文章を書くのが好きだからね」と。現在も月刊誌の連載を執筆している。

手は「第二の脳」といわれる。手を使うことで脳の血流量が増加し、物忘れや認知症の予防に効果があるようだ。恩師の原稿は全て手書き。文章を考えるのに加え、一字一字、手書きすることで、脳細胞が一段と活性化するのだろう。

「手書き」といえば、小欄（「名字の言」）を書き写すノート（鳳書院から発売中）

を活用する読者から声が届いた。頭の体操になればと、85歳の母親にノートを贈った女性。「(母は喜んで取り組んでいるものの)目も悪く、手の力も弱っているせいか、マス目に文字を埋めていく作業は大変らしく、何時間もかけて仕上げていました」

新年号から書き写しを始めた友は「読むとすぐですが、書くと案外長い。その分、しっかり頭に入ります。私はペン習字の練習も兼ねて、ゆっくり、丁寧に書いています。メモ欄は日記として使用。朝の日課になるよう頑張ります!」

脳の刺激には「手を使うこと」とともに、「人と会うこと」が一番。立春を過ぎても厳しい寒さが続くが、頭と心を健康にする努力を重ねたい。

第4章

2023・1~3

「平和の門」に刻まれた49の言語

2023・2・28

広島平和記念資料館を訪れた。順路に従って見学する途中、来館者が感想などを記入できるコーナーがあった。記載台の上には「対話ノート」と日英の2言語で表記されたプレートが設置されていた。

ページをめくると、外国語の文章も多かった。どれも〝書かずにはいられない〟と、せきを切ったようにつづられた筆致だった。言語は異なっても、平和を願う気持ちを通い合わせる〝心の対話〟が、そこにはあった。

資料館を出た程近い場所に「平和の門」という、10基の門から成る建造物がある。見上げるばかりの巨大な門の表面には、49言語で平和を意味する言葉が刻まれている。民衆がただただ求めるものは「平和」の一語に尽きるという思いを感じた。

現在の世界情勢に目をやると、〝平和を目指そう〟と言うのは、ややもすれば、はるかな理想論に聞こえるかもしれない。〝自分一人に何ができるのか〟と躊躇してしまうこともあるだろう。

しかし、池田先生は〝一人〟が秘める偉大な力をうたう。「豊かな森林も、一本の木の苗から始まる。滔々たる大河も、一滴の水から始まる。よりよい社会の建設も、一人の人間から始まるのだ」と。その〝一人〟になるために、「今」「ここ」で立ち上がろう。

どんな環境でも
自身の花を咲かせ切っていこう

2023・3・2

詩人の星野富弘氏の作品にこんな詩がある。「捨てた鉢に花が咲いた／夏の盛り垣根の下に／ひっくり返って／いたやつだ／私がもし／あんな目に／あわされたら…／それでも／咲いている／きれいに咲いている」（『いのちより大切なもの』いのちのことば社フォレストブックス）

草木は、どんな環境でも懸命に自らの花を咲かせる。事故で手足の自由を失った星野氏は、そのけなげさ、尊さを温かなまなざしで見つめた。

ある壮年は不慮の事故で頸椎を損傷し、下半身が動かなくなった。心は激しく揺れ、不安にさいなまれた。それを乗り越えたのは、同志からの度重なる励ましと、池田先生の言葉だった。「自分自身が、かけがえのない、尊貴な、美しい生命の花を持っている」

〝同じ生きるならば、今この状況から、自身の花を咲かせ切っていこう〟――壮年は誰よりもリハビリに励んだ。明るく前向きな姿に周囲は「こちらが元気をもらいます」と。自分にさえ負けなければ、人生の喜びはいつでも創造できる。壮年は「やれることは、まだまだあります！」と笑顔で語っていた。

生命には、いかなる風雪にも朽ちない〝希望の種子〟がある。精いっぱい生きる誓いを糧に、使命の花を咲かせよう。

「共に励ます」生き方の価値

2023・3・3

政府統計によると、日本には296万人以上の外国人が暮らしている（2022年6月時点）。在日外国人が抱える問題を描きつつ、〝家族とは何か〟を問う映画「ファミリア」が1月に公開され、話題になった。

妻を亡くした陶器職人の主人公が、異国へ赴任した息子やブラジル人青年と触れ合う中で、国籍などを超え、絆を結んでいく。メガホンを取った成島出監督は「人の痛みを想像するという〝ひと手間〟がすごく大切」と語る（「灯台」2月号）。

大手輸送機器メーカーに勤める、埼玉の壮年部員は約20年前、アメリカに赴任した。気がかりは一緒に渡米した妻のことだった。言葉の壁に悩まないか。友達がいなくて寂しくないか……。

だが現地の座談会に参加し、不安は吹き飛んだ。「よく来たね」「私たちがいるから大丈夫」。家族のような温もりに、胸が熱くなった。帰国後、壮年は創価長（ブロック長）として奮闘し、自治会の理事も務める。妻は地区女性部長として同志の激励に駆ける。

池田先生はつづった。「万人に仏を見る仏法は、国籍、人種などによる、あらゆる偏見や差別を打ち砕く、生命の尊厳と平等の哲理である」と。人のために、どんな労も惜しまない。この「共に励ます」生き方の価値を社会に広げたい。

ジャズ界の巨匠に見た「人間の王者」の振る舞い

２０２３・３・７

グラミー賞の受賞は10回を超え、そのサックスの音色は多くの聴衆を魅了した。ジャズ界の巨匠にして、ＳＧＩのメンバーでもあるウェイン・ショーター氏が、89歳で生涯の幕を閉じた。

東日本大震災が発生した後、氏は被災した方々を思い、メッセージを寄せた。その中で、１９９６年に妻を飛行機事故で亡くしたことに言及。絶望のどん底にいた時、池田先生から「どうか人間の王者として生き抜いてください」との励ましを受けたことに触れた。

氏は悲しみを拭い、以前にも増して、演奏・作曲に情熱を注いだ。盟友のハービー・ハンコック氏は、ショーター氏が妻の訃報に涙する友人らを逆に励ましている姿を何度も目にした。「(ショーター氏は)自身の振る舞いを通して、日蓮仏法の信仰者としての真髄を示してくれた」と。

最愛の人を亡くした中で、自分が励まされる側ではなく、励ます側になる。それは心を鋼のように鍛えた人だからこそできることだ。「人間の王者」の振る舞いであり、その根底には「師弟」がある。

逝去前、氏は次の言葉をつづった。〝使命を果たし続けるために、生まれ変わるべき時が来た〟と。音楽で希望を送り続けた氏の人生に学び、使命を果たし抜く人でありたい。

一人の同志の笑顔のために

2023・3・8

ジャーナリストの故・江森陽弘（ようこう）氏は50年前、雑誌（ざっし）の編集長に呼（よ）ばれ、創価学会の取材を依頼（いらい）された。取材地の一つがアメリカ。氏は当時、海外の学会に関する知識は何もなかった。

印象に残ったのは、笑いが絶（た）えない「ザダンカイ」。参加者が自身の信仰（しんこう）体験を、ジョークを飛ばしながら語る。司会が「次の人」と言うと皆（みな）が手を挙（あ）げた。指名された人は、落語家のように身ぶり手ぶりを交（まじ）え語り始める。まるで「アメリカのミニ寄席（よせ）」と雑誌に書いた。

1981年2月、池田先生のパナマ訪問の折、氏は取材を申し込み、先生は快諾。氏の抱いていた宗教指導者への良くない印象と、先生は全く違った。気さくで、冗談もぽんぽんと飛び出す。「なぜ、これほど海外訪問に熱心なのか」との問いに、先生は答えた。「一人でも多くのメンバーに喜んでいただきたい」

氏は池田先生について、「学会員の皆さんの笑顔のために行動し続けた」と記した。先生が取材依頼を受けたパナマの滞在は8日間。その間、大統領との会見や文化交流の促進と共に、寸暇を惜しんでメンバーの励ましに全精魂を注いだ。

私たちも師の行動に続きたい。一人の同志の笑顔のために――その一念から、広布の前進は加速度を増していく。

〝寄り添う力〟〝本気で聞く力〟が重みを増す

2023・3・9

中小企業の経営コンサルタントとして年間３００日以上、出張を重ねる壮年部員。北海道から沖縄まで、行ったり来たりの〝ジグザグコース〟になることも。

納める商品があるわけではない。不況になれば真っ先に予算カットの対象となる。生き残る秘策を聞くとシンプルな答えが返ってきた。「経営者の〝相談相手〟になる」

経営者は孤独の中で決断を迫られる。だから〝孤独な心に寄り添う力〟が必要なのだ、と。その会社の正念場でこそ、〝本気で聞く力〟が重みを増す。信頼できる相手に意見をぶつけることで、内外の状況が整理され、会社にとってより良い決断につながるという。

座談会には家族そろって参加し、時間をやりくりしては地元を回る。互いに胸襟を開く〝対話という仏道修行〟が、業界の荒波を乗り切る力になる。仕事で得た経験もまた学会活動の最前線で生きる。「仏法即社会」のリズムをつかんだ人は強い。

池田先生が語り合った哲学者ルー・マリノフ氏は、学会の座談会について「他人の話に耳を傾けることによって自分自身をより深く知る、という実践」に通じると強調した。啓蟄も過ぎ、「別れと出会い」の春到来。一つ一つの対話を通して、自分を大きく育てる季節にしたい。

2023・1〜3

社会運動の真髄は裾野を広げること

2023・3・17

世界一高い山はエベレスト（標高8848メートル）だが、ハワイ島のマウナ・ケアは、海から隆起した火山で、その麓は海の底にある。海底からの距離で測ると1万203メートル。エベレストよりも1300メートル以上高い。

地上からは見えない、海に隠れた裾野が広がっているからこそ、〝世界一の山〟は厳然とそびえ立つ。社会の変革にも同じことがいえよう。池田先生は「社会運動の真髄は、頂点を高くすることにあるのではなく、裾野を広げることにある」と訴える。

5月にG7サミット（先進7カ国首脳会議）が開催される広島県のある座談会で、男子部員が〝平和クイズ〟を企画した。「各国の首脳だけではなく、私たちも平和について考えましょう」と。

「G7とは、どの国を指すか」「いつから開催されているか」等の問いに皆が答えた後、彼は呼びかけた。「一人の意識変革は小さいことでも、それが結集すれば大きな力になります」。参加者は今いる場所で、できることから始めようと誓い合った。

「サミット」は日本語で「山頂」。目指すべき頂上が高ければ高いほど、広い裾野と堅固な地盤が必要だ。「裾野」を指す英語「フット」には「足」の意味も。わが足元から一歩ずつ、平和への歩みを進めよう。

「ありがとう」が止まらない

2023・3・18

4歳の娘を育てる副白ゆり長。最近、「一言」の力をまざまざと感じた、と語る。

娘が通う保育園でも、もうすぐ卒園を迎える。いつも仲良くしてくれた〝年長さん〟は、来月から小学1年生に。卒園式の練習があった日の夜、ふいに娘の顔がくもった。「○○ちゃんとお別れ、イヤだ!」。さめざめと泣き始めた。困ったママは、「○○ちゃんに〝ありがとうのお手紙〟書いてみる?」。その瞬間、娘の顔がパッと輝いた。弾けるような笑顔が戻った。「いつも遊んでくれてありがとう」「髪を結んでくれてありがとう」「何回もだっこしてくれてありがとう」……「ありがとう」が止まらない。

「この紙に書く！」と鼻息も荒い。でも、まだ字が書けないのでママに〝口述筆記〟を頼んだ。「こんな小さな子でも、感謝の気持ちを伝えることで別れの悲しみを乗り越えることができるんだ、と驚きました」

「ありがとうは〈奇跡の言葉〉である。口に出せば、元気が出る。耳に入れば、勇気がわく。私自身、毎日、朝から晩まで『ありがとう』『ありがとう』と言い続けている」と池田先生はつづる。旅立ちの春3月。お世話になったあの人にも、懐かしいあの人にも声をかけ、〝奇跡〟のつながりを広げたい。

筋書きのないドラマ

2023・3・23

スポーツはよく「筋書きのないドラマ」といわれる。WBC・侍ジャパンの熱戦が、まさしくそうだった。

準決勝のメキシコ戦は、不振の主砲・村上選手の逆転打でサヨナラ勝ち。決勝のアメリカ戦は大谷選手が9回のマウンドに立ち、大リーグのチームメートで〝世界最高〟の打者、トラウト選手を三振に仕留め、優勝を決めた。

大谷選手の歩みも、日本代表の栗山監督との二人三脚から始まった「筋書きのないドラマ」だ。ベーブ・ルース以降、不可能とされてきた投打の「二刀流」。

その挑戦の〝生みの親〟となったのが、２０１３年に入団した日本ハムで監督を務めていた栗山氏だった。

最初は主に投手として、故障に注意を払いながら育成に当たった。二刀流の本格解禁は16年。チームは日本一に輝き、大谷選手は史上初めて投手と指名打者でベストナインに選ばれた。「誰も歩いたことのない道を歩いてほしい」――監督の熱意が結実した瞬間だった。

成功事例がない。挑戦事例も知らない。だから〝やめておこう〟では、ドラマは生まれない。あえて困難を選び、一歩踏み出すからこそ〝勝ち筋〟は見えてくる。「浅きを去って深きに就くは、丈夫の心なり」（新６１２・全５０９）の一節を深く胸に刻みたい。

「働き学ぶ」向学の友へ
時を超えたエール

2023・3・25

「牧口先生の文章が明治時代の教科書に採用されていた」――先日、創価大学の教員からうれしい研究成果を聞いた。

見つかったのは3冊。①「新撰國語讀本」（1904年）、②「中等教科日本讀本」（07年）、③「國語漢文青年教本」（同）。いずれも牧口先生の名著『人生地理学』（1903年＝明治36年）から採用された。①と②に載った文章は「島国の特質」。海に囲まれた利点を訴えつつ、日本の閉鎖的な「島国根性」も指摘している。

③には「雪と人生」という文章が選ばれている。この教科書は「青年夜学会」で使われた。青年夜学会とは各地で篤志家や若者たちが経営した学校。生徒の年齢層は10代から30代だったようだ。

新資料を見つけた教員は、創大の通信教育部出身。同部の卒業生で初めて創大の博士号を取り、母校で教育の道を歩む。朝から働き、夜は学ぶ苦労をわが身で知る分、発見の喜びもひとしおだ。

〝創大通教〟は池田先生の強い意志で開設された。今は来年度の出願受付中。「年齢・職業・居住地のいかんを問わず、開かれた教育の場」というホームページの一節に光を見いだした人は多い。今回の発見は「働きながら学ぶ」王道を歩む向学の人々への、時を超えたエールでもある。

平和の思いを未来へとつなぐ

2023・3・26

太平洋戦争の沖縄戦では、21の旧制中学から学徒隊が駆り出された。直前まで一緒に学び、夢を語り合った10代の学友たち。戦場で空襲や艦砲射撃に遭い、多くの若い命が奪われた。

生存者の中には「なぜ自分だけが生き残ったのか」と思い悩む人もいた。亡くなった友への後ろめたさを抱えながら、戦後を生きた人もいる。「生き残って良かった」だけでは済まない現実――それも戦争の残酷な一面だ。

78年前のきょう、沖縄戦が始まった。20万人余が犠牲となった戦争も、戦後

78年の今、体験者は少なくなっている。沖縄青年部はこれまで証言集の出版や、戦争体験者が描く「沖縄戦の絵」の取り組みなどを推進。昨年から新たに、体験者の証言にもとづく「紙芝居」の貸し出しを開始した。

先日、「沖縄戦の絵」を見た女子中学生が「私たちと同じ年齢で戦場に行ったことが信じられない。沖縄戦のことを私たちが次の世代に伝えていかなくてはいけない」と感想を。乙女の決意に、戦争の悲惨さ、平和の尊さを訴え続ける大切さを実感した。

平和の思いを未来へとつなぐために、不断の努力を重ねること。足元から平和を建設する民衆の連帯を広げること。その誓いを胸に、新たな出発を開始したい。

至誠天に通ず

2023・3・31

初代会長・牧口先生が著書『人生地理学』を発刊して、本年は120周年。同著で先生は、「島国」と区別して「海国」という言葉を用いた。

地理的条件は同じでも、二国の相違点は人々の気風にある。「島国人」は度量が狭く排外的。一方、「海国人」は快活で進取の気性に富む。前者の眼が島国の陸面に向かうのに対し、後者は大洋全面に広がる。この相違が気風の違いを生む。

先生は、「海国」の資質をもった人物に勝海舟を挙げた。西郷隆盛と直談判し、江戸の無血開城を実現した歴史は有名だ。彼が西郷との話し合いで大切にしたこと——それは「至誠」をもって応じることだった。

海舟は述べた。「後世の歴史が、狂といおうが、賊といおうが、そんなことはかまうものか。ようするに、処世の秘訣は誠の一字だ」（『氷川清話』第三文明社）。海舟の開かれた心の根底には、飾らず、奇をてらわず、信念をありのままに相手にぶつける「誠」の一字があった。

池田先生は「人の心を動かすのは、真剣にして誠実な対話である。燃えるような情熱に触れた時、人の心もまた燃え上がる」と。語る内容も話術も大事。だが、私心なき立正安国への信念こそ、大事を成す根源の力と心得たい。至誠天に通ずである。

新・名字の言 選集〈新時代編 5〉

2023年9月8日　初版第1刷発行

編　者　聖教新聞社
発行者　大島光明
発行所　株式会社　鳳書院
〒101-0061 東京都千代田区神田三崎町2-8-12
電話番号　03-3264-3168（代表）
印刷所・製本所　図書印刷株式会社

Printed in Japan 2023
ISBN 978-4-87122-208-2